英語教育論文執筆ガイドブック

ジャーナル掲載に向けたコツとヒント

廣森友人 編著

大修館書店

はじめに

　本書は主に国内の英語教育系学会が発行するジャーナル（いわゆる学会誌・紀要）に論文を掲載するための方法やコツ，注意点などをまとめた執筆ガイドブックである。論文の基本的な構成や研究方法別の論文の書き方のポイントを整理したうえで，投稿の準備段階から実際の投稿・掲載までのプロセスを簡潔に説明する。その中で，論文や査読者・投稿者間のやりとりの具体例を挙げながら，ジャーナルに掲載される論文を書くためのノウハウを，査読者・投稿者，さらにジャーナルの編集者それぞれの立場から紹介する。

　国内の大きな学会組織，例えば全国英語教育学会（JASELE），大学英語教育学会（JACET），全国語学教育学会（JALT）では年1〜2回ジャーナルを発行しているが，本書の執筆者らは皆，これらのジャーナルに複数の論文を掲載してきた研究者ばかりである。例えば，私（廣森）はこれまで『全国英語教育学会紀要』（*ARELE*）に4編，『大学英語教育学会紀要』（*JACET Journal*; 旧 *JACET Bulletin*）に4編，『全国語学教育学会紀要』（*JALT Journal*）に2編の論文を掲載するとともに，それぞれのジャーナルの査読・編集作業にも携わってきた。そこでの経験から，各誌の投稿手続きや投稿テンプレート，査読の審査観点などには多少の違いはあるものの，類似した点も多いことを学んできた。つまり，論文を投稿し，掲載に結びつけるには，ある種の「型」や「作法」が存在するのである。本書は，経験豊富な著者らが，これまでは「ブラックボックス」に閉じ込められてきたそれらの型や作法を惜しげもなく公開した画期的な試みである（ちょっと惜しいと思っている著者もいるかもしれないが…）。

　以下，本書の構成を簡単にまとめる。序章では論文執筆に関する "WHY" として，なぜ論文を書くのかについて述べる。国内外の高等教育機関に就職したりそこで昇進・昇格しようと思えば，著書や論文などの研究業績を求められるのが一般的である。では，論文を書くのはそのためだけだろうか？

近年は小中高や教育センターなどでも研究紀要を発行するところが増えてきているが，それはなぜだろう？　学会等で研究成果を公表するだけでなく，論文の形として文字に残すことにどんな意味があるのだろう？　本書ではまず，これらの点を確認することから始めたい。

　続く第1部では，具体例を豊富に挙げながら，論文とはどのようなものか，すなわち"WHAT"について紹介する。はじめに論文の一般的な構成を確認したのち，代表的な研究方法（量的研究，質的研究，文献・理論・方法論研究）別に論文の書き方のポイントを整理する。これらの章を読むことで，読者は各研究がどのようなものかイメージできるようになるだけでなく，実際にそれらの方法を用いて論文を書く際に気をつけるべき留意点などについて学ぶことができる。なお，本書では実践論文は中心的に扱ってはいないが，本書の内容は実践論文を執筆する上でも役立つであろう。

　第2部は本書の中心をなす部分である。ここではまず論文をどのように書くのか，すなわち"HOW"に焦点を当て，論文の投稿準備から掲載までのプロセスをわかりやすく示す。さらに，多くの論文を投稿，査読，編集した経験を持つ執筆者らが論文の掲載（採択）率を高めるために，論文執筆上どのような工夫や配慮が必要になるかをそれぞれの立場からまとめる。また，第2部の最後には「研究倫理」の章を位置づけている。これは本書の執筆者らが論文をどのように書くのかを考えるにあたって，剽窃，捏造，重複投稿といった問題や調査（実験）参加者に対する倫理的配慮を重要な問題として認識していることの現れでもある。

　本書巻末には，参考資料として国内の主要なジャーナルを参考に，一般的な投稿テンプレートや投稿規定の具体例をまとめる。どれほど研究内容が優れていても，ページ数やフォーマットなど投稿規定に従っていない論文は審査対象とならず，査読に回る前に差し戻されてしまうことがある。特に初めてジャーナルに論文を投稿しようとする読者は参考資料を見本とすることで，投稿の手続きをよりスムーズ，かつ着実に進めることができるはずである。

　なお，英語教育に関する論文の多くが依拠するスタイルシートであるアメリカ心理学会（APA）の出版マニュアル，*Publication Manual of the Amer-*

ican Psychological Association の第7版がこのほど出版・公表された（本書では以下，本文中では APA 第7版，カッコ内では APA，2020とする）。投稿テンプレートをはじめとする本書の記述内容は，このアップデートを反映しており，いわば「APA 最新版準拠」とも呼べるものである。

　また本書には，各章末に「コラム」を設けている。各コラムは3種類に大別できる。1つ目は，1つの章を使って紹介することはできなかったものの，論文の執筆・投稿を考える上でカバーしておきたい重要なトピック（例えば，英語で論文を書くコツなど）を取り上げている。2つ目は，実際にジャーナルに論文を掲載した小中高の現職教員や大学院生に，それぞれ具体的な経験談やエピソードを語ってもらっている。3つ目は，特に海外のジャーナルへの論文投稿をめざす読者へのひと言アドバイスである。本書は主に国内のジャーナルを念頭に置いているが，将来的にはぜひ海外のジャーナルも視野に入れてもらいたい。各コラムを通じて，多くの読者が論文執筆のポイントや魅力を感じ取ってくださればと思う。

　本書は，国内外で広く活躍する研究者らによって執筆されている。先述したように，多くのジャーナルに論文を掲載しているだけでなく，論文の査読も数多く経験している。また，全員がジャーナルの編集委員(長)として，論文が編集・出版される舞台裏を支えた経験を持つ。さらに，勤務する大学等において，論文の投稿をめざす大学院生の指導に携わる執筆者も多い。そのため本書は，①これから論文の執筆・投稿を目指す英語教師や大学院生だけでなく，②論文を査読・編集する研究者，③論文の執筆を指導する大学教員や指導者にも大いに参考になる内容となっている。本書は，各執筆者らがこれまで長い時間と労力（と汗と涙）をかけて積み重ねてきた成果をもとに編まれたものである。多くの読者の手に取られ，論文の執筆・投稿・査読・編集・指導のために役立てば幸いである。

　最後になるが，大修館書店の北村和香子氏には今回もまた本書の企画から編集まで大変お世話になった。本書はまさにプロフェッショナルな編集者の北村氏と各執筆者らとのコラボレーションの成果である。

執筆者代表　廣森 友人

目次

3 章　実証研究 II（質的研究）　　43

4 章　文献レビュー・理論研究・方法論研究　　61

第2部　論文をどのように書くか

英語教育論文執筆ガイドブック

ジャーナル掲載に向けたコツとヒント

序

論文をなぜ書くのか

　以下は，「論文の執筆と投稿」に関するチェックリストである。あなたに当てはまる項目にチェックを入れた後，本章を読み始めてほしい。
（本章を読んだ後にも，再度チェックリストに目を通してみてほしい。）

□論文を執筆するメリットを理解している。

□どうすれば論文を書けるようになるのか知っている。

□研究成果の発表の場としては，学会での口頭発表で十分である。

□論文を投稿することのメリットを理解している。

□読者にとって良い論文とはどのようなものであるか知っている。

1. 論文の執筆と投稿のすすめ

　「学会で口頭発表し論文執筆」，あるいは「発表せずに論文執筆」，あなたはどちらのタイプだろう？　自身の研究を学会等で発表することは大切である。私の経験から言えば，発表という目標を設定するからこそ，それに向けて時間をやりくりしながら研究に取り組むが，その目標がなければズルズルと時間を過ごしてしまう。また，発表後に味わう達成感が，次の研究や発表への動機づけになるという知人もいる。こうした情意面に対する効果だけでなく，発表の利点は他にもある。例えば，発表資料を作成する際に研究内容を言語化することで，研究内容に対する自身の思考を整理し，内容を深く理解することができる。また，発表後の質疑応答のときに，聞き手から質問やコメントを得ることができ，それが研究内容を改善する手立てや次の研究のヒントにもなる。こうした発表の利点を重視する人は，前者のタイプに属す

るだろう。また，論文の投稿条件として学会発表を課すジャーナルに投稿するなど，発表の必要がある人もこれに当てはまるだろう。

　一方，発表には問題点もある。例えば，フィードバックに関しては，少なくとも3つの問題点がある。まずは，学会における発表時間が短い（長くて20分）ために，研究内容を詳細に示せず，情報不足のために聞き手から的を射た質の高いフィードバックをもらえないことがある。2点目は，発表後の質疑応答の時間も短い（5〜10分）ため，聞き手から多くのフィードバックを得ることができないことがあるという問題である。3点目は，目の前にいる人にしか研究成果を発信できず，幅広い多様なフィードバックを得ることができないという問題である。つまり，フィードバックの質・量・多様性という点において，口頭発表には問題があると言える。こうした発表の問題点を意識する人は，後者のタイプに属するだろう。また，発表の必要性がない人（発表なしでも投稿可能なジャーナルに投稿予定），発表の機会がない人（修士論文を執筆し修了する院生や，学会参加の都合がつかない現職教員）もこれに当てはまるだろう。

　あなたがどちらのタイプに属するとしても，論文を執筆し投稿するという共通の目的がある。それでは，あなたはなぜ，論文を執筆し投稿するのか？自分の研究業績に加えるためか？　しかし，論文の執筆・投稿には，それ以外のメリットもある。以下，それぞれのメリットについて述べる。

1.1　論文執筆のメリット

　先ほど，発表資料の作成時に，研究内容を言語化することで，自身の思考を整理し，研究内容を深く理解できると述べた。当然，私たちは論文を書く際にも，研究内容を言語化する。つまり，論文執筆には，「研究内容を言語化することでその内容をより深く理解できる」というメリットがある。これ以外にも，論文執筆にはメリットがある。

(1) 研究内容について詳しく述べることができる

　発表時の資料に記載できる情報量には限りがある。20分の発表時間内に

示すパワーポイントのスライドは，私の経験上，24〜30枚程度であり，配布資料は4〜5枚（1枚にスライド6点を印刷した場合）になる。そのため，実験の手続きに関する情報を部分的にしか提示できないということが起きる。

　研究に関する情報が不十分である場合，研究結果の妥当性を確かめるための「再現性の検証」（元の研究者が行ったときと同じ結果が出るかどうかについて，別の者がその研究と同じ実験を行い調べること）ができず，研究内容に疑問が生じてしまう。あるいは，「考察」のスライド内に，結果をサポートする先行研究や，結果から得られる示唆に関連する先行研究が提示されていない場合，その結果や示唆は発表者の独りよがりな主張であるという印象を与えかねない。さらに，不十分な情報により，発表者が聞き手から的確なフィードバックを得ることができないこともある（「どのようなトリートメントを施したのか」等の質問のみで質疑応答が終わってしまう会場もある）。こうしたことが生じるのは，時間を割いて発表を聞きに来た聞き手だけでなく，時間と労力をかけて研究を行ってきた発表者にとっても非常に残念である。とりわけ，自信のある研究であれば，発表者は内容のすべてを提示したいと思うだろうし，研究分野の発展への寄与という点においてもすべて提示されるべきである。

　研究内容を詳しく述べるには，そのためのスペースが十分にある媒体，つまり，論文を執筆することが最善の方法である。執筆可能なページ数は，例えば，『中部地区英語教育学会紀要』（*CELES Journal*）ではA4判用紙8ページ（16,500字程度；英字33,100字程度），『全国英語教育学会紀要』（*ARELE*）はA4判用紙16ページ（27,300字程度；英字54,700字程度）である。これだけの紙面を使えば，研究内容は十分に表現できる。

（2）関連文献を調査する機会になる

　私は普段から空き時間にジャーナルを小まめにチェックし，研究テーマと関連のある文献を隅々まで読むことはしない（できないと言った方が正しい）。目次の確認やアブストラクトに目を通す程度である。「これは読んでみたい」と思う論文があっても，目次にマークして終えたり，コピーしても読むこと

なく机の上に積み上げることもある。研究する際には準備と実施，そしてデータ分析に多くの時間と労力を割くからである。しかし，論文の中で，結果をサポートする先行研究や結果から得られる示唆に関連する先行研究が少ない場合，読者はどう思うだろう。あるいは，引用されている先行研究が古いものばかりの場合はどう思うだろう。

　論文には，結果や示唆に関連のある先行研究をエビデンスとして提示することが大切になる。このエビデンスにより，結果や示唆は執筆者の個人的主張ではなく，信憑性の高いものであると読者が感じるからである。つまり，論文を書くときこそ，新しい関連文献をできるだけ数多く引用する必要が生じ，そのための調査を行うことが必要になる。私の場合も，執筆時こそ，目次にマークした論文や，机に積み上げている論文を読む機会となっている。

（3）次の研究や実践につなぐことができる

　研究する際には特定の研究課題があり，この課題に関する結果を検証し，論文を執筆する。教室での実践においても，特定の実践上の疑問点に基づいたアクション・リサーチを使って論文を執筆したり，校内や教科内の研究テーマに沿った実践内容を省察し実践報告としてまとめる。そして，執筆においては，主張の論点を明確にして一貫性を持たせるために，研究課題に沿っていないことは言及しないのが鉄則である。一方で，執筆を通じて研究や実践を言語化することで，その内容をより深く理解できるようになる。そのため，「この結果を引き起こした要因は他にもあるのではないか？」「トリートメントを変えた場合，どういう結果になるのか？」「ペア活動前の準備を変えると，生徒の発話はより積極的になるのでは？」といった，執筆前には考えもしなかった疑問が浮かぶことがある。そして，こうした疑問は，次の研究に至るためのアイディアや，実践を改善するための工夫につながることがある。

（4）論文の執筆に慣れることができる

　執筆回数を重ねることで執筆の「型」に慣れてくると言える。ここで言う

型は 2 種類ある。1 つは，投稿先の情報収集（第 5 章参照）はもちろん，論文構成（第 1 章参照）・文献の引用方法・文字や統計の表記・図や表の描き方などの書式と，セクション内で言及すべき内容（第 2～4 章参照）に関するものである。これらは APA 第 7 版（APA, 2020）などに示されており，投稿者が守るべきルールである。

　もう 1 つは，論述の進め方に関するものである。慣れるまで時間を要するが，非常に大切な型である。論述をうまく進めるためには，セクション間とセクション内における論述法が重要である。セクション間の論述法は，いかにセクション間のつながりを持たせるのかという点に関係する。例えば，「先行研究」と「方法」のつなげ方（「先行研究」の中で不明点や疑問点を研究課題として指摘し，その課題が「方法」で扱うリサーチ・クエスチョンや仮説となることを示唆する）である。セクション内での論述法の焦点は，いかに執筆者の主張を読者にわかりやすく説得力を持たせて提示するのかという点である。例えば，「考察」では，研究課題である仮説が支持された場合や却下された場合に，エビデンスをどう提示し，主張をどう展開するのかという論述の流れが必要になる。読み手を意識した書き方に慣れるには，まずは読者を意識して執筆し，その後査読者からのフィードバックにより不十分な点（例えば，「ここが自分の書き方の問題点だ」「こう書けばうまく意図が伝わるんだ」）に気づき，そしてそれらを意識しながら執筆する（執筆投稿→フィードバック→執筆投稿）という螺旋的なプロセスを経験することが近道である。

1.2　論文投稿のメリット

　自身のホームページや書籍など論文以外の媒体を通じても，研究内容について執筆することは可能である。しかし，論文には，投稿できるという価値があり，投稿するからこそ得ることができるメリットがある。

(1) 査読者から客観的かつ詳細なフィードバックを得ることができる

　私たちは，「これを主張したい」「この研究方法は妥当である」「結果の解釈は正しい」といった先入観を無意識に持ち，自身が執筆しているものを読

み返す傾向がある。そのため，どんなに批判的に読み返そうとしても，自分に都合よく内容を捉えてしまい，疑問点・矛盾点・不明点などを見落としてしまうことが起こりうる。つまり，執筆者がどんなに「この研究はすばらしい」「この研究内容は世間に示す価値がある」と思っても，執筆者以外の視点で内容を吟味するというプロセスを飛ばしてしまうと，その研究の客観性や内容の信憑性において疑問の余地が生じる可能性が出てきてしまう。

　こうした事態を避けるうえで，研究論文を投稿することはとても意義がある。投稿することで，査読という執筆者以外の視点で内容を精査するプロセスを踏むことができるからである。執筆者とは違い，査読者は研究内容に関する先入観がないため，論文を客観的かつ批判的に読むことができ，その結果，執筆者が気づくことのできない点を指摘できる。さらに，査読者は研究はもちろん，投稿論文の内容と関連する分野に精通しており，査読の経験も豊富である。また，複数の査読者がじっくりと時間をかけて論文を読み，査読を行う。その結果，投稿者は査読者から客観的かつ的確で詳細なフィードバックを得ることができる。そして，投稿者はそれらのフィードバックを反映させることで，論文の客観性や信憑性を高めることができる。

(2) 読者から多様なフィードバックを得ることができる

　投稿論文が掲載されることで，読者から多様なフィードバックを得ることができるというメリットもある。投稿中には，複数の査読者から的確で詳細なフィードバックを得ることができる。しかし，査読者は大抵 3 名ほどである。そのため，専門分野が近い査読者が集まると，内容が似通ったフィードバックばかり返されるときがある。つまり，フィードバックの多様性という点では，査読者だけでは限界があると言える。幅広いフィードバックを得るためには，ジャーナルに投稿論文が掲載されることで，多くの読者に多面的な角度から内容を精査してもらうことが近道である。読者からメールで問い合わせがあったり，学会で直接話しかけられることもあり，査読者からのフィードバックにはない質問や意見等をもらうこともある。

　「論文を執筆したいが，執筆の方法がよくわからない」と思う人にはぜひ，尻込みせずに論文を執筆し投稿してみてほしい。なぜなら，1.1（4）で述べたように，執筆することで執筆の「型」を学び，執筆回数を重ねることでその型に慣れていくことになるからである。また，「何度も執筆しているが，なかなかジャーナルに採択されない」と悩む人もいるだろう。そういった人にもぜひ，あきらめずに論文の執筆投稿を継続してほしい。なぜなら，1.1（4）で述べたように，執筆する経験を積むことで読み手を意識した書き方が理解できるようになるからである。さらに，査読者を含めた読者からフィードバックを得ることで，論文の内容に不足している部分，つまり，質の高い論文に必要なポイントについて学ぶことができる。そして，そのようなポイントを含むことを意識しながら執筆するようになれば，投稿論文は採択されるようになるはずである。

2. 読者にとって良い論文とは

　「論文を書くのはいろいろなメリットがあるからだ」ということは，理解できたと思う。ただし，これは執筆者の視点である。論文は読者にとってもメリットがあるべきであり，それが良い論文であると言える。しかし，論文の内容が価値あるものだとしても，読者がその内容を理解できない場合には良い論文であると言えない。一方，読者に伝わる論文がすべて良いとは言えない。学術的あるいは教育的価値がないものがあるからである。つまり，良い論文とは，「読者に正しく伝わる」プラス「学術的・教育的価値がある」という2つの条件を満たすものである。

(1) 読者に正しく伝わる論文
　まず，どのような読者（査読者のように論文の内容に関連する分野に精通している人から，これから研究を始めようとしており論文の内容に関する背景知識があまりない人まで）に対しても，「執筆者の主張」と「主張の根拠」が明確でなければならないということを執筆する際には心がけるべきである（第5

章表1（82ページ）参照）。

　論文を読み終えたときに，読者が「何を言いたいんだ？」と思うのは，主張が明らかでないことを示す。主張を明確にする方法の1つは，主張を繰り返し記述することである。それにより，題目を見た後で「アブストラクト」と「結論」に目を通した読者は，執筆者が主張したいことがおおよそわかる。そして，「結果」と「考察」でも繰り返される記述を見つけ照合することで，主張がより明らかになり，読者は理解できる。一方，「結果」で主張と関連のない情報を示したり，「結論」で今まで言及していないキーワードや論点を唐突に述べたりすると，読者は主張を理解しづらくなる。

　主張を明確にすることに加え，その主張を裏づける根拠が明確であることも重要である。「考察」で詳細に主張を述べても，それを裏づけるエビデンスが十分でなければ，それは机上の空論になってしまう。同様に，「結果」で示している以上のこと，つまり示していないことを「考察」で述べても，エビデンスがないため読者を説得することはできない。読者が「なぜそう言えるのか？」と思うのは，根拠がないことを示す。根拠がない場合，読者は執筆者の主張を自分で解釈することになり，誤った解釈をすることもある。その結果，執筆者の主張が正しく伝わらなくなってしまう。こうした事態は避けるべきである。

(2) 学術的・教育的価値がある論文

　「学術的・教育的価値がある」という条件を満たすための基準がある。まずは，論文が読者にとって「次の研究や実践につながるきっかけになるもの」という基準である。この基準は査読者が論文の質を判断するもの（第5章表1参照）であり，論文の価値を判断するうえで，上位に位置すると言える。読者が「新たな研究に結びつけられそう」（学術的価値）とか「自身の教室内での実践に使えそう」（教育的価値）と思うものである。読者にそう思わせるための方法は，研究や実践のオリジナリティーの部分だけではなく，既存の研究や実践にリンクする部分をバランスよく含ませることである。オリジナリティーに富んだ実践に関する論文であっても，それが日本の学校現場

の実情を反映していなければ，教師がいくら応用しようと努力しても教室ではうまく機能しないことになってしまう。

　読者が論文の価値を判断する基準は他にもあり，「次の研究や実践につながるきっかけになるもの」に比べ，これらは下位に位置すると言える。読者にとって，「知らなかったことや，正しいと思っていたことがそうではないことに気づけるもの」や「正しいと思っていることを裏づけたり，自信がないことを確証できるもの」という基準である。読者が，自身が知らなかった（新しい）理論や先行研究に気づいたり（「これは知らなかった」と思う），先行研究に対する自分の解釈が間違っていたと気づく（「そういうことだったのか」と思う）論文は，新しい知識や正しい知識を得るという点で価値がある。あるいは，研究課題を設定したり，指導法や活動を考えるうえでベースとなる背景知識や経験に自信が持てない読者が，「やっぱりそうだったのか」「自分の考えは正しかったんだ」と思えば，その論文には価値があると言える。つまり，論文の価値を判断する基準は必ずしも１つではなく，どの基準が自身に当てはまるのかを決めるのはあくまで読者である。例えば査読者（研究者）や教師なら上位の基準を採用する。一方，内容に関連する分野にあまり精通しない教師や学生は，「この結果は自分の実践や研究に結びつくかわからないが，先行研究のこれは知らなかったな」という具合に，下位の基準を使用するだろう。

　多様な読者の価値に対応するためには，常に読者を意識しながら執筆することが肝要である。そうすれば，その論文は自然と理解しやすく価値のある良い論文になるはずである。

1

論文とは何か

1

論文の一般的な構成

1. 作文・エッセイと論文の違い

　以下は，ワールドカップラグビー 2019 で日本が強豪アイルランドを破った翌日（2019 年 9 月 29 日）の朝日新聞「天声人語」からの一部引用である。

　戯曲の名作『ゴドーを待ちながら』で知られるノーベル賞作家ベケットは高校時代，ラグビー部の主将だった。故国アイルランドの有力紙によれば，眼鏡なしでは目がよく見えなかったものの「ライオンのように勇猛果敢」な攻めを見せたという。▼（中略）▼難解な不条理劇で知られたベケットの，今年は没後 30 年の節目である。ご存命なら，きのうの土曜日，静岡県からの中継を見て，地団駄踏んで悔しがったはずである。

　日本語による名文が掲載されることでよく知られる新聞のコラムであることは言うまでもない。主題は日本のラグビーチームの歴史的勝利であるが，それをアイルランド出身の劇作家サミュエル・ベケットとラグビーという意外な組み合わせによって展開している。そして終末部では，論理的というよりはむしろ唐突に「（アイルランドが日本に敗れ，ベケットは）地団駄踏んで悔しがったはず」と結論づけている。これが日本的な名文・作文の特徴で，主題に関して直線的に論を展開するのではなく，長々と前置きをしてから情緒中心の発想で展開する。そして結論もストレートには表現せず，ぼかしがちにする。以心伝心の文化においては，直接的・論理的な文章には味わいがなく，情緒的で控え目な文章表現が好まれるからである。

　しかし，たとえ日本人が日本語で書く場合であっても「論文」となると事情が変わる。ましてや英語で書く論文となればなおさらである。日本語であれ，英語であれ，論文が「論理的であること」を要求されることは言うまでもない。そこに，日本的な情緒・感情を先行させた発想を持ち込むと，論理の展開が非常にわかりにくい，論文らしくない文章になってしまう。

　論文ではまず，学問的に解明されていない課題を取り上げ，それをその論文の主題（テーマ）として設定する。次に，そのテーマを筋道立てて体系的に明らかにしていく。その際，論文としての表現に論理性・一貫性がなければテーマやそれに対する主張が不明確になってしまう。論理性とは，テーマとその帰結が「〜であるから…になった」「〜であるから…する」のように，論理的に呼応するということに他ならない。例に挙げた「天声人語」はどうであろうか。日本のラグビーチームの歴史的勝利というテーマに対して，ベケットは高校時代にラグビー部主将で勇猛果敢なラガーマンだったから悔しがった(だろう)という思いには共感できるが，結論づけとしては不明確で飛躍が感じられる。

　また一貫性とは論旨が一貫することを意味する。具体的には，論文全体のテーマが小テーマに分割され，1つの小テーマの解明が次の小テーマの解明につながり，最終的に論文全体のテーマが解明されるような論文は論旨が一貫していると言える。例えば，アイルランド戦における日本の歴史的勝利というテーマについて，戦前の世界ランキングと過去の対戦成績という小テーマに沿って論を展開することが考えられる。両国の試合前，世界ランク第2位のアイルランドに対して日本は世界第9位であった。さらに通算10回目の対戦で何と初勝利であった。いずれも日本の勝利が番狂わせの大金星で，「歴史的勝利」であることを一貫して主張しており，論旨が明快であると言える。

　ここまでのまとめとして，図1（次ページ）のように，論文を書く際には，情緒・感情中心の発想で展開する日本語的な文章ではなく，論理性・一貫性のある文章表現を心がけ，テーマを筋道立てて体系的に明らかにすることが必要であることを強調しておく。

図 1. 論文を書く際に不可欠な表現の特徴

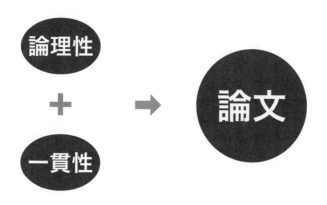

2. 論文の構成要素

　論文としての表現に論理性・一貫性が必要であることは前節で確認したとおりであるが，研究テーマに関する自分の主張や考えを読者に効果的に伝えるためには，論文をどのように構成すればよいのだろうか。伝統的な形式としてよく知られているのが，Introduction, Materials and methods, Results, And Discussion の頭文字を取って名づけられた IMRAD である。Introduction は「序文・はじめに」と呼ばれるセクションで，研究の主たる課題や意義，背景や動機，先行研究との関連等について明確に記述する。Materials and methods は「方法」と略記されることが多く，研究が何を材料として，どのように実施されたかを詳細に記述する。Results は研究の「結果」で，データを含む実験結果や発見などを詳細に漏れなく記述する。その結果を記述・報告した後で，実験や調査の結果を解釈してその結果が持つ意味を一般化して提示する作業を行う，これが Discussion「考察」である。国内の英語教育系ジャーナル（学会誌）の多くが，この IMRAD に基づく執筆用テンプレートを提供している。

　APA 第 7 版（APA, 2020）では，第 3 章において「学術論文報告基準」(Journal Article Reporting Standards: JARS) についての解説が行われている。

この JARS は第 6 版（APA, 2009）までは Appendix（付録）の 1 つとして所収されていたが，第 7 版からは 1 章を割いて，量的研究（Quantitative Research），質的研究（Qualitative Research），混合型研究（Mixed Methods Research）の研究タイプ別に論文の構成要素の説明が行われている。

　まず，3 タイプに共通する構成要素として，Abstract（要旨）と Introduction についての解説がある。「要旨」は「簡潔でわかりやすい論文の要約」（a brief, comprehensive summary of the contents of the paper; APA, 2020, p. 73）と定義されていて，「正確（accurate）で，論文の内容に関する評価が行われていない（nonevaluative）形で，論旨に一貫性があり読みやすく（coherent and readable），しかも簡潔（concise）」であることが良い要旨の要件（図 2）として説明が行われている。

図 2. 良い要旨の要件

Accurate	・論文の目的と内容を正確に記述する
Nonevaluative	・論文の内容に関する評価は行わず，報告に限定して記述する
Coherent and Readable	・名詞より動詞，受動態より能動態，現在形を用いて読みやすく記述する
Concise	・論文の最重要ポイント（4〜5 点）をわかりやすく記述する

(APA, 2020, pp. 75-76 をもとに作成)

　「序文・はじめに」も，3 タイプに共通する構成要素として解説されている。記述する内容は，「研究で取り上げる問題点（テーマ）の重要性」（Importance of the Problem），「関連する先行研究の概観」（Historical Antecedent），そして「研究の目的」（Study Goals）となる。研究目的については，量的（Quantitative Goals），質的（Qualitative Goals），混合型（Mixed Method Goals），その他（Goals for Other Types of Papers）の 4 タイプ別に分けて，目的の書き方・内容について説明されている。それでは，量的研究，質

的研究，混合型研究それぞれのタイプ別に，論文の構成要素を見ていくことにする。

2.1　量的研究論文の構成要素

　量的研究論文の構成要素は，「量的研究論文報告基準」（Quantitative Design Reporting Standards: JARS-Quant）としてまとめられている。**表 1** はその一部であるが，量的研究論文の構成と記述すべき内容を確認することにする。

　「序文・はじめに」においては，研究課題や研究の意義について述べた後で，設定した「仮説」を明記することが量的研究論文の特徴である。先行研究からどのようにして仮説が導き出されたのかについて，関連する研究を概観しそれらの研究と仮説がどのような関係にあるのかを記述する。

　また「方法」の記述に際しては，データ収集のための実験や調査がどのような手続きにより実施されたかを読者によくわかるように説明を行う。量的論文では特に，測定の精度を担保する必要があるので，研究参加者のサンプリングや測定方法等についても詳細に記述することが重要である。

　「結果」の記述に関しては，「方法」で述べた分析方法にしたがって統計処理を行った結果を，できる限り図表化して見やすく提示する。「考察」では結果に基づいて「仮説」の支持・不支持を判定し，その結果の一般化可能性についての議論を展開する。具体的な展開方法として，「序文・はじめに」で紹介した先行研究の知見や既存の理論・モデルと一致していることにより一般化可能性を主張する。一致しない点については，その理由を説明するために新たな知見や理論・モデルを紹介し，結果をどこまで一般化することが可能なのか限界や制約について議論を行う。

　本書では，量的研究論文の書き方について，**第 2 章**において，論文の構成要素に関わる Q&A 形式で，より具体的に解説を行っている。

表1. 量的研究論文報告基準

論文の構成要素	主な記述内容
序文・はじめに	
研究課題	・研究課題の重要性とその意義
先行研究の概観	・関連する先行研究の説明
仮説と研究目的	・先行研究から導き出された具体的な仮説と研究目的
方法	
研究参加者の特性	・年齢，性別，教育レベル，社会経済的状態，英語力レベルなど
サンプリングの手順	・研究参加者の選定手順，データ収集の日時，場所と状況など
サンプルサイズ，検出力，精度	・意図したサンプルサイズと実数 ・サンプルサイズの決定方法など
測定項目と共変量	・主な測定項目と副次的測定項目，結果を説明する変数（共変量）の定義
データ収集	・データ収集の具体的方法
測定の精度	・測定の信頼性を高めるための手立て
測定具	・測定具としての妥当性
マスキング	・盲検化に関わる説明
計量心理学的情報	・分析データの信頼性係数や妥当性の情報
条件と研究デザイン	・条件の操作に関する有無
データ診断法	・欠損値データの扱いなど
分析方法	・推計統計や実験基準過誤防止の方法
結果	
研究参加者の推移	・研究参加者の総数と推移
参加者の募集	・募集および反復測定の期間を示す日付
統計とデータ分析	・データの統計処理および分析手法の詳細と分析結果（欠損値，記述統計，推計統計など） ・調査結果の妥当性に影響を与える統計上の前提，データの分布状況などの結果

考察	
仮説に対する判定	・「序文・はじめに」に記述したすべての仮説に対する支持，不支持
結果の類似性	・先行研究における結果との類似点，相違点
結果の解釈	・サンプル数やサンプリングの適切性，測定における問題点等をふまえた結果の解釈
結果の一般化可能性	・サンプリングの妥当性などを考慮した結果の一般化可能性とその限界
示唆	・今後の研究等に与える示唆

（APA, 2020, pp. 77-81 をもとに作成）

2.2　質的研究論文の構成要素

APA 第 6 版までは，質的研究論文の構成要素としての記述は見られなかったが，第 7 版からは「質的研究論文報告基準」（Qualitative Design Reporting Standards: JARS-Qual）が明記された。**表 2** はその一部である。

「序文・はじめに」においては，先行事例等に基づく研究課題がどのようにして設定されたかについて記述する。また，量的研究に比べて多様な研究デザインが考えられるので，「方法」では，研究の全体像を示してから研究課題を解明するための手続きがよくわかるように説明を行う。また，質的研究では，研究者と研究参加者との関係性がデータ収集に影響を与えるケースも珍しくないので，研究参加者の特性や研究者との関係についても記述する必要がある。

質的研究の「結果」は，観察や面接の記録，活動記録，参加者が書いた作品の一部抜粋などの分析により「明らかになったこと」（findings）とその意味や解釈を記述する。また「考察」では，分析結果に基づいて分類されたテーマやカテゴリー等における成果が，先行研究における成果物と類似する点や相違する点について吟味し，結果が示唆する研究としての貢献について記述する。

本書では，質的研究論文の書き方について，**第 3 章**において，論文の構成要素に関わる Q&A 形式で，具体的に解説を行っている。

18

表2. 質的研究論文報告基準

論文の構成要素	主な記述内容
序文・はじめに	
研究課題	・研究課題とその研究的文脈
研究目的	・課題の明確化や実践的研究の必要性
	・研究の目的，対象とする読者
	・研究デザインの妥当性についての説明
	・研究手法の説明
方法	
研究デザインの概要	・データ収集や分析方法を含む研究デザインの概要説明
研究参加者あるいはデータソース	・研究者自身のこれまでの研究経過
	・研究参加者の特性や分析対象となるデータに関する説明
	・研究者と参加者の関係など
研究参加者の募集	・参加者募集の過程
	・参加者の選定方法など
データ収集	・データ収集の手順など
	・データの記録・変換の方法
データ分析	・分析方法
	・分析方法の適切性および一貫性
結果	・調査等で明らかになった結果の，研究デザインに沿った説明
考察	・研究の成果
	・先行研究における結果との類似点，相違点
	・研究の限界
	・今後の研究等に与える示唆

(APA, 2020, pp. 95-99 をもとに作成)

2.3　混合型研究論文の構成要素

　混合型研究論文の構成要素は，「混合型研究論文報告基準」（Mixed Methods Design Reporting Standards: JARS-Mixed）に示されている。表3はその一部である。

　「序文・はじめに」においては，量的研究における仮説や質的研究における研究課題に加えて，混合型研究としての独自の目的が提示される必要がある。つまり，混合型研究論文の特徴として，単純に量的・質的研究を合体させるのではなく，両者を「統合」することにより，新たな視点から行われる研究であることを明記する。これに関連して「方法」の記述に際しても，量的・質的データの収集がどのような手続きにより実施されたかを読者によくわかるように説明を行う。研究参加者が，量的研究と質的研究で異なる場合もあるので，前者についてはサンプリングの説明を，後者については選定や研究者との関係について記述する必要がある。

　「結果」を記述する際には，量的分析結果および質的分析結果に加えて，両者を統合した結果についての説明を行う。それらの結果を総合的に解釈して，「考察」においては量的研究結果が示唆する研究的貢献や質的研究結果が示唆する実用的・実践的貢献に，混合型研究ならではの貢献に発展することが望まれる。

　なお，混合型研究論文の書き方に関しては，紙幅の関係から本書の取り扱う範囲外にある。詳細に関しては専門書に委ねるとして，本書では「混合型研究法を用いた論文執筆」をコラム3（pp. 59-60）で紹介しているので，参考にしてほしい。

表 3. 混合型研究論文報告基準

論文の構成要素	主な記述内容
序文・はじめに	（量的研究および質的研究を参照）
研究課題 研究目的	・量的研究，質的研究，混合型研究 3 タイプの目的を記述する ・混合型研究法についての説明
方法	
研究デザインの概要	・データ収集や分析方法を含む研究デザインの概要説明
研究参加者あるいは 　データソース	・混合型研究の妥当性 ・研究参加者の特性や分析対象となるデータに関する説明 ・研究者自身のこれまでの研究経過
研究参加者の募集	・量的研究参加者と質的研究参加者それぞれの募集過程 ・参加者のサンプリングや選定方法など
データ収集	・データ収集の手順など ・データの記録・変換の方法
データ分析	・分析方法 ・量的，質的および混合型の各分析方法についての説明 ・量的分析方法としての妥当性と信頼性，混合型分析方法としての妥当性と正当性に関する説明
結果	・調査等で明らかになった結果の，研究デザインに沿った説明 ・量的分析結果および質的分析結果を統合した結果についての説明
考察	・研究の成果 ・先行研究における結果との類似点，相違点 ・研究の限界 ・今後の研究等に与える示唆

（APA, 2020, pp. 106-108 をもとに作成）

1

論文の一般的な構成

日頃の教育実践をどのように論文に結びつけるか？（1）
小学校教師が，論文を書くということ

いい授業がしたい

　ずいぶんと前の話になるが，教師としての経験が浅く，中学校に勤務していた頃，週末や夏休みなどの長期休みを利用して，「英語の授業の達人」と呼ばれる先生の研修会にあれこれと参加していた時期があった。目新しい，すぐに使える授業のアイディアを集めては，「今日も成果があった」とウキウキしたものである。そして，それらを授業で試みると，生徒の反応がいい。やはり，優れた先生から学ぶことはいろいろとある，と様々な考えを寄せ集めた授業を行っては満足していた。

　しかし，次第に他の先生が考えた授業のアイディアに頼って授業を展開したり，勘や思いつきで授業を進めたりしていることに満足感が得られなくなり，もっと自分の信念に基づいた授業をしていきたい，自分なりのテーマを持って研究をしていきたいと考えるようになった。

論文にまとめたい

　その頃，現職教員の内地留学制度を活用して半年間大学で学ぶ機会に恵まれ，その後大学院修学休業制度を活用して2年間を修士課程で過ごした。1年目は必死の思いで授業の予習をする毎日であり，2年目はテーマ設定から研究の手法，そして書き方まで全て手探りの中で執筆し，やっとの思いで修士論文を提出した。そんな2年間が過ぎて，学生から中学校の教員に戻ると，毎日の授業や生徒指導など日々の学校業務に追われ，テーマを追求する気力も時間も失ってしまい，研究や論文とは疎遠な生活になってしまった。

　数年後に「修論を読みましたよ」と話しかけられたことがあった。正直なところ，読み返したくもない修士論文であったので，恥ずかしくなった。ただ，論文という形になると思いがけず誰かの目に触れることがあるのだ，ということをその時に再認識した。

　その後，私は小学校に異動し，2019年度は外国語加配教員という立場で授業の持ち時間のほとんどを外国語（英語）の指導に充てることになった。現在

の公立学校の状況ではこのような立場は稀である上に，小学校の外国語（英語）教育が始まったばかりである。何をどのように指導したら児童はどのようになっていったのか，ということをまとめて，それを後世の教育者に遺せたら，教育者としてこれほど嬉しいことはない。そのようなことを考え，自分が指導していることをぜひとも論文にまとめたくなり，執筆した。

現場の教員だからこそ

「研究」というと，私のような小学校の教員には，かなり敷居が高いイメージがあるし，そのための時間も確保できない実態もある。また，文章に書こうとしてもなかなか書けないし，まとまらない。途中で投げ出したくなることもある。書いている中で思考があいまいであることに気づき，自分が本当に伝えたいことは何なのだろうか，と何度も自分に問い直したりする必要も出てくる。文献を読み直したり，文章を何度も書き直したりする中で，ようやく自分が本当に大切にしたいことが見えてくることもある。ただそんな作業を通してこそ，教室の中で起こっていることを感覚的に理解するのではなく，論理的にそれを明らかにしていけるのではないか，とも考えられるようになった。

　それと同時に，より良い授業をめざしていくには，1時間の授業での成果ではなく，それまでの過程を重視していく必要があると考えるようになった。めざす児童の姿を明確に持ち，そこにもっていくためにどのようなことをしていったらよいか，という視点で授業を組み立て，その結果どんなことが教室で起こったのかを論文にまとめていく。このように授業を考えて授業計画を立てて，指導をしていくことこそ，私がめざすものであり，今後はできる限り自分が実践したことをまとめたいと考えている。

　しかしながら，論文の書き方がいまだによくわからない。そこで今後は，本書を熟読して論文を書いていきたいと思っている。それとともに，私たち小学校，中学校の現場の教員がもっと教科教育に向き合える時間を増やすことができるような状況にして，一人ひとりの教員が研究を深め，児童生徒を指導支援していくべきではないか，とも考えている。日々の授業を振り返りまとめることができる時間と心の余裕が欲しい，と切に願っている。

2

実証研究Ⅰ（量的研究）

1. 量的手法を用いた論文とは

　量的手法とは，テストや質問紙などを用いて得られた回答や反応を数値的に表し，主にその数値を使って分析する手法のことである。例えば，英語語彙力と英語学習時間との関係を調べるために，「50点満点の語彙テストのスコア」と「1週間の英語学習時間」との相関関係を調べる研究や，指導内容の違いによって英語を聞くことに対する不安が変化するかを調べるために，「不安」を6段階で回答する20項目の質問紙で測った値を，「リスニングだけを行った群」と「リーディングだけを行った群」で比較する研究では量的手法が用いられる。

　量的手法を用いた研究は量的研究と呼ばれ，英語教育研究の分野では頻繁に行われている。例えば，2002年からの16年間で『全国英語教育学会紀要』（ARELE）に掲載された論文のうち，86.5%（345/399）が量的研究で（Aoyama et al., 2018），1979年からの30年間で『全国語学教育学会紀要』（JALT Journal）に掲載された実証研究論文の75〜100%が量的研究だった（Stapleton & Collett, 2010）との報告がある（Honda et al., 2018の『関東甲信越英語教育学会誌』（KATE Journal）；寺沢，2010の『大学英語教育学会紀要』（JACET Journal）の分析でも同様の傾向）。

　量的研究論文を書く際には，研究者としての主観は脇に置いて客観的に書くことを意識し，また詳細で丁寧に記述することが求められる。本章では，量的研究論文を効果的に執筆するために押さえておきたいポイントを，主にAPA第7版（APA, 2020）の記述に基づいて述べる。

2. 量的研究論文に書くべきこと

APA 第 7 版の量的研究論文報告基準（APA, 2020, pp. 77-93; 以下, 報告基準）は詳細であり, その中の表（JARS-Quant; pp. 77-81）には, すべての量的な研究の際に最低限入れなくてはならない要素が書かれている（APA, 2019 のウェブサイトにも同じ表の掲載がある）。本節では, APA 第 7 版の報告基準全体に基づき, 英語教育研究の分野での量的研究論文における「執筆のための問い」をセクションごとに設定していく。この問いに答えながら執筆することで, 論文に入れるべき基本的内容を概観することができるだろう。なお,「方法」や「結果」などのセクションで書くべき内容は固定ではなく, 読みやすさを考慮して他のセクションに移動することもできる。

2.1 序文・はじめに

【「序文・はじめに」のための問い】

Q1. 研究で扱う問いは, 理論的または実践的になぜ重要か？

Q2. 本研究は先行研究とどのように関係しているか？

Q3. 研究課題である仮説や目的は何か？　仮説と研究デザインはどのように関係しているか？

「序文・はじめに」のセクションでは, 扱う問題点の重要性（Q1）, 先行研究との関連（Q2）, 研究目的と研究デザインの関係（Q3）を簡潔に説明する。APA の心理学研究での報告基準では, 量的研究論文において仮説が必須とされているが, 英語教育研究においては, 仮説を立てずに, 問いの形で研究課題（リサーチ・クエスチョン）を立て, それに答える形で解釈することも多い（浦野他, 2016 参照）。以下では原則 APA に沿って「仮説」と記すが,「研究課題」として捉えても問題ないと考える。

2.2　方法

【「方法」のための問い】

Q4.　研究参加者にはどのような特性があったか？

Q5.　研究参加者をどのように選んだか？　研究はいつ，どこで行ったか？

Q6.　サンプルサイズはいくつ（研究参加者は何人）だったか？　研究が複数の段階に分かれる場合，研究参加者の活動や数に変化はあったか？　フローチャートで表わした方がわかりやすいか？

Q7.　サンプルサイズをどのように決めたか？

Q8.　研究で使う測定具は何だったか？　データをどのように集めたか？

Q9.　測定の質を高めるためにどのような手立てを取ったか？

Q10.　測定具はすでに妥当性検証の手順が取られたものか？　それとも本研究で開発したか？

Q11.　測定して得られたスコアの信頼性と妥当性はどの程度あったか？

Q12.　マスキング（盲検化）が必要な場合，行ったか？　行った場合，どのように行ったか？

Q13.　研究デザインはどのようなものだったか？

Q14.　データ収集後，データ診断をどのように行ったか？

Q15.　分析方法はどのようなものだったか？

　「方法」のセクションでは，研究で行われたことを読者が理解するのに必要な情報がほとんど提示されている。

　「方法」には以下の（1）〜（4）の項目が含まれる。

(1) 研究参加者に関する記述

　Q4 の特性とは，例えば研究参加者の年齢や性別，教育レベル，社会経済的状態（例：家庭の収入額），英語力レベルである。結果の解釈に影響するかもしれない特性は入れる。対象者の特徴を理解し，どの程度結果が一般化できるかを考える際に重要となる。

　Q5 では，参加者を選ぶ手順として，系統的にサンプリングを行ったので

あればその方法は何か，また依頼した何％の人が参加したか（応答率），参加者の意志で参加したか（self-selection があったか），何らかの選定基準があったかなどを述べる。参加者に対して謝礼を支払ったか，また倫理審査委員会の承認を受けたか，倫理的基準を満たしたかなども記述する。データ収集の時期（日付）については，複数回測定や追跡調査の場合には特に明記する。

Q6では，集めたかった参加者数と実際に集まった数（実数），また2つの参加者層に違いがないか（例：「さまざまな英語力の学習者を対象に募集したが，実際には英語力が高い学習者が参加した」）を記述する。研究が複数の段階に分かれる場合には，参加者数の変化だけでなく，その理由も説明した方がよい。フローチャートの例は APA（2020, pp. 236-237）を参照のこと。

Q7では，サンプルサイズ（標本サイズ）をどう決めたか，サンプルサイズが十分集まったときにデータ収集を止めた際のルールがあるかなどを書く。サンプルサイズを決める際には検定力（検出力）分析（power analysis）を行ったり，推定値の精度を考慮したりすることが望ましい。なお検定力とは，帰無仮説を棄却するのが正しい状況で，実際に棄却できる確率である。例えば，2群の有意差を調べている状況において，本来は有意差があるはずのときに実際に有意差があると言える確率である。その確率はサンプルサイズが大きくなれば原則高くなる。設定した確率を得るためにはどのくらいのサンプルサイズが必要かを計算することが検定力分析である（水本・竹内, 2010；草薙他, 2015 参照）。推定値の精度は，信頼区間の幅によって確認でき，指定した信頼区間の幅にするためにはどのくらいのサンプルサイズが必要かを計算することができる。有意性検定を行う場合には，事前に検定力分析を行い，また推定値の精度の情報を調べて，最低限必要なサンプルサイズを事前に決めてからデータ収集に入る方が望ましい。

(2) 測定具に関する記述

Q8では，テストや質問紙，物理的装置（例：眼球運動測定装置）など，分析で使うすべての測定具について，正確に再現できるまでに詳述する。例えば，「スピーキング活動のみを行った群」と「それ以外の活動を行った群」

において，指導の前後でスピーキング力に差が出るかを調べる研究では，「スピーキング力を測るテスト」が測定具となる。また指導の影響以外に，コミュニケーションに対する意欲によっても結果に影響が出る可能性がある場合には，「コミュニケーションに対する意欲を測る質問紙」も測定具となる。この研究デザインでは，(a)「スピーキングテストのスコア」が従属変数（結果・目的・基準変数），(b)「指導法の種類」が独立変数（説明・予測変数），(c)「コミュニケーションに対する意欲スコア」が共変量（covariate）である。(b) は「ある指導を受けたかどうか」という分類で表される変数（質的変数）で，(a) と (c) は数値で表される量的変数である。測定具と言うときには通常 (a) と (c) が対象で，量的研究論文では，その詳細な記述が求められている。また，研究には使わないが同時にデータ（例：「英語を読むことに対する不安スコア」）を得た測定具があれば，その記載も入れた方がよい。

　Q9 では，データ収集者や採点者（判定者）の訓練，複数名間の信頼性（一貫性），測定具などの研究材料の翻訳や予備調査等について述べる。

　Q10 と **Q11** では，測定具や測定結果の信頼性と妥当性を記述する。**Q10** ではすでにその検証がなされているかを，**Q11** では本研究での検証手順や結果を記載する。**Q11** での検証は，最新のテスト基準における原則（American Educational Research Association et al., 2014）に基づき，本研究のデータを対象に行う。「信頼性」とは，測定の一貫性，安定性を意味する。研究内容に応じて該当する信頼性の種類を選び，採点に主観的な判断が入る場合には採点者間信頼性を，縦断的研究においては再テスト法信頼性を，各項目の合計点を用いるときには項目間の内的一貫性を記述する。「妥当性」とは，研究者が測定したい特性が測定具でどの程度測れているか，また測定具の使用方法がどの程度適切であるかを意味する。さまざまな観点があり，信頼性と同様に状況によって観点や分析を選んで報告することになる（平井・飯村，2017；小泉，2018参照）。注意したい点は，信頼性も妥当性も測定具の特性として固定のものがあるのではなく，使用目的や対象，文脈によって変わることである（小泉，2018）。そのため，**Q10** で使用する測定具の信頼性と妥

当性が他研究で調べられていたとしても，その対象者が本研究での対象者と大きく異なる場合には，他研究での結果をそのまま使えないことになる。また，2つの研究の対象者が似ていたとしても，本研究での信頼性と妥当性を提示した方がよい。例えば，ある英語試験を熟達度測定に使ったときに信頼性と妥当性が高いことが開発機関から報告されていたとしても，それが世界の複数の地域において幅広い英語力の学習者を対象に実施した結果であった場合，ある研究で英語力の低い学習者を対象にそのテストを実施するときには，その信頼性と妥当性をその研究の状況で示す必要がある。

(3) 研究手順・デザインに関する記述

Q12 では，研究参加者や実験的操作を行う者，結果を測定する者が条件の割りあてを知っていたかというマスキングの情報を示す。マスキングをどのように行ったか，またそれが適切であったかどうかを評価したか，また評価した場合にどのように評価したかについても書く。

Q13 の研究デザインについては，さまざまなデザインがあり，(a) 実験的操作を行ったか，(b) (a)の場合に参加者を実験条件・統制条件などの条件にランダムに割りあてたのか，(c) 参加者間で比較するのか，参加者内で比較するのか，などで分類できる。APA 第7版では以下のように分類されており，それぞれに報告基準が定められている（APA，2019からダウンロード可）。

- ・参加者をランダムに割りあてた実験的操作
- ・参加者をランダムに割りあてていない実験的操作
- ・ランダム割りつけがある臨床実験
- ・ランダム割りつけがない臨床実験
- ・実験的操作のない非実験的デザイン：観察デザイン，相関デザイン，単一グループデザイン，複数グループデザイン，疫学デザイン，自然歴デザイン等
- ・縦断的デザイン（同じ研究参加者に対し，同じ特性の測定を複数回実施）
- ・単一参加者($N=1$)研究（N-of-1 studies）

2

実証研究—（量的研究）

・再現研究

　研究で使用したデザインの報告基準を確認し，必要な要素を論文に書くべきである。なお，使用デザインが複数の場合には，複数の報告基準を参照することになる。

(4) データ診断法・分析方法に関する記述

　Q14 では，データの診断法を述べる。データ分析から除外する研究参加者やデータ欠損値（missing data），統計的外れ値（outliers）があった場合にどうするか，データ分布の確認，データの変換をどのように行うかを書く。

　Q15 では，使用する量的な分析方法を詳述する。分析方法は，研究課題を調べるのに適したものを選ぶ。また実験あたりの過誤（experiment-wise error）などの誤差率や検定力，分析の前提条件を記載し，適切な分析を行うための対策を述べる（詳細は，Aryadoust & Raquel, 2019a, 2019b; 平井, 2017, 2018; McKinley & Rose, 2020; Plonsky, 2015; 竹内・水本, 2014 参照）。構造方程式モデリング，ベイズ的手法，量的メタ分析の報告基準が特に設定されている。

　手順の詳細など，スペースの関係で本文に入らない場合には，付録（Appendix）として論文の最後に入れるか，補足資料（Supplemental/Supplementary material）としてジャーナルのウェブサイトや他の共有サイトに載せて，読者が入手できるようにしておくのが望ましいだろう。

　測定具や研究の特徴，細かな結果を載せた資料，素データなどをオンラインで共有するデータベース作りの動きが最近は広がっており，興味のある者が先行研究の情報を容易に入手できる環境が整いつつある。共有サイトとしては例えば，IRIS (Instruments for Research into Second Languages: Marsden et al., 2016; The University of York Digital Library, n.d.), OSF (Open Science Framework: Center for Open Science, 2019) がある。なお，資料やデータ共有の際には，個人情報の保護に注意したい。

2.3 結果

【「結果」のための問い】
Q16. 分析してどのような結果が得られたか？

「結果」のセクションでは，収集したデータと分析結果を要約する。その際，結論の根拠の詳細を十分に含める。研究課題である仮説が支持されてもされなくても，関連する結果をすべて報告する。効果量が小さい場合や，統計的に有意でない場合も同様である。論文に含められないときには，補足資料として公開することを検討する。

Q16 では，分析方法とその結果を，読者が完全に理解できるように詳細かつ正確に述べる。例えば，欠損値がある場合の欠損値の頻度やその対処法，測定結果（例：各群の研究参加者数，平均値，標準偏差），推測統計（有意性検定を行う場合には（$p < .05$ など不等号で表すのではなく）正確な p 値や，自由度・平均平方などの最低限必要な統計値，効果量と信頼区間），推定時に起きた問題（例：未収束）などを記述する。統計的な前提条件やデータ分布を確認し，問題がある場合も説明する。結果の解釈に関わる場合は特に説明を加えたい。結果の提示にあたっては，最重要な仮説，次に重要な仮説，探索的に行う仮説の順で結果を記述していく。

有意性検定（例：t 検定）に関しては，ジャーナルごとに異なるポリシーがある。APA（学会）では，有意性検定は分析の出発点であり，効果量，信頼区間などの追加の報告が必要であるという立場を取っており，効果量，信頼区間の報告は最低限必要となる。

統計的方法の記述にあたっては，基本的な概念と手順を書く必要はなく，それに関する文献を引用する必要もない。しかし，ある統計的手順を取ることに対して議論がある場合には，それを使用した根拠を示すべきである。

推測統計結果の報告にあたっては，少なくとも，セル（水準と水準の組み合わせ）ごとのサンプルサイズ，セルごとの平均値か頻度，セルごとの標準偏差または併合された（pooled）セル内分散を書く。多変量分析では，関連

する平均値，標準偏差，サンプルサイズ，分散共分散行列（または相関行列）を最低限報告する。t 検定などの統計的検定では，検定統計値，自由度，正確な p 値，効果の大きさと方向性を報告する。点推定（例：標本平均値）を書く場合には，精度と標準誤差を提示し，点推定と信頼区間の結果をできるだけ解釈する。効果量とその信頼区間もできるだけ記載する。

　以上，結果の適切な執筆方法について述べてきたが，すでに出版されている論文ではどの程度その報告基準が守られているのだろうか。それを調べた一例として，Aoyama et al.（2018）の，ARELE で 2010 年から 8 年間で出版された論文における結果を紹介する。彼らは量的研究で報告すべき情報が実際にどの程度報告されているかを調べた。その結果，表 1 に見られるように，すべて 100％未満で，改善の余地があることがわかった（ただし視覚的表現は状況によるため報告は必須ではない）。その中でも改善が特に必要な情報は，報告率が半分以下の，信頼性，検出力，信頼区間であった。このような量的研究の動向に関する論文にも定期的に目を通し，適切な分析・報告方法の知識を更新して執筆に取り入れるとよいだろう。

表 1. ARELE（2010 年〜2017 年）における情報の報告率（％）

信頼性	検出力	正確な p 値	平均値	標準偏差	信頼区間	効果量	視覚的表現
48.3	0.6	66.5	94.9	90.9	17.1	55.1	65.9

（Aoyama et al., 2018 にもとづく）

2.4　考察

【「考察」のための問い】

Q17. 研究課題である仮説は支持されたか？

Q18. 得られた結果と先行研究での結果の類似点と相違点は何か？

Q19. 研究の限界点や強みは何か？

Q20. 結果はどの程度一般化が可能か？

Q21. 将来の研究，プログラム，または政策に向けた示唆は何か？

「考察」のセクションでは，結果を解釈し，証拠をまとめ，推測や結論を報告する。考察が比較的短くてわかりやすい場合，「結果と考察」のようにセクションを併せて書いても構わない。

Q17 では，仮説の支持，不支持を明示し，結果があいまいなときには，そのように判定する理由を加える。

Q18 では，得られた結果と先行研究での結果の類似点と相違点をまとめることで，結論の文脈を説明したり，確証づけたり，明確に説明したりする。結果の記述を繰り返すのではなく，新しい点を加えるべきである。

Q19 では，限界点として，研究結果に偏りが出た場合にはその原因，内的・統計的妥当性を脅かすもの，測定の精度の低さ，測定具の数や測定具間で重複して測ってしまっている部分，サンプルサイズやサンプリングの不適切さ，その他の研究の弱点について該当するか，また結果について別の解釈がないかを検討する。

Q20 では，意図した母集団と実際対象とした標本の違い，研究の文脈（例：設定・測定具・時間）を考慮した上で，一般化可能性について述べる。

Q21 では，合理的で根拠に基づくコメントや，研究の意義について明確に述べる。研究による示唆を書く際はその根拠も挙げ，今後研究すべき方向性を示す。

2.5　量的研究論文の例

実際の量的研究論文を例に，上記の「執筆のための問い」や論文に書くべき内容がどのように記述されているかを見ていく。扱う研究論文は，2018年刊行の *EIKEN BULLETIN*（「英検」研究助成研究報告書）に掲載された，鈴木駿吾氏による論文「発話の諸側面に対する意識の質問紙尺度の開発と妥当性の検証：発話生成モデルの観点から」（鈴木，2018）である。論文展開は，図 1 のようにまとめられる。

図1．論文例（鈴木，2018）の展開イメージ

〔序論〕
○スピーキングに影響する個人差要因の1つである「発話のどの側面に意識を向けやすいか」に焦点を当て，それを測る発話意識質問紙尺度の開発と妥当性検証を行うという目的を説明する。
○先行研究の中での本研究の位置づけを明らかにし，重要と言われながら十分に研究されてこなかった点を扱うことを強調する。

〔調査1（質問項目の作成）：方法・結果〕
○理論に基づいて作成した質問紙の項目を，学習者の観点から改良するために，日本人大学生18名に対して半構造化インタビューと再生刺激法を実施する点を説明する。
○分析では，学習者のデータについて演繹的にグルーピングを行い，項目を追加・修正した手順をまとめる。
○学習者にわかりやすさを確認した後に完成させた，質問紙全41項目を示す。

〔調査2（質問紙の因子構造についての妥当性検証）：方法〕
○調査1で開発した質問紙を，日本人大学生106名に実施するというデータ収集方法を説明する。
○分析の前提を確認し，探索的因子分析を行う分析手順を示す。
〔調査2：結果〕
○互いに弱い相関のある4因子を質問紙データの背後に想定できる構造として抽出し，4因子が発話の4側面に対応するものと解釈し，各因子が表す概念名を先行研究に基づいて決めたことを説明する。

〔調査3（質問紙と発話の相関による妥当性検証）：方法〕

○（a）質問紙で測定した「普段の発話への意識」と「特定の発話課題に依存した意識」の違いは何か，（b）2種類の意識と実際の発話（複雑性・正確性・流暢性：CAF）の関係はどうか，を調べるという目的を述べる。

○調査2の参加者の一部（48名）が英語の発話課題を受け，直後に課題中の意識を尋ねる質問紙に答えた手順を説明する。

〔調査3：結果〕

○2種類の意識と発話の4側面の関係を二元配置分散分析で調べ，意識の影響がある側面（例：概念化と調音）を示す。

○相関分析結果に基づき，意識と関係のあるCAFの側面（例：普段の正確性への意識の高さと流暢さの低さ）を示す。

〔総合考察〕

○理論に基づき，先行研究結果と本結果を比較し，考察を深める。本研究の意義を強調する。

○本研究の限界点を述べ，今後の方向性について述べる。

「序論」のセクションでは，発話に向ける意識を測る質問紙がないために理論的に重要な点が調べられないとして，研究の重要性を強調している。主な先行研究として，発話生成モデル，発話の複雑性・正確性・流暢性（CAF）の側面，発話時の意識が発話生成に与える役割をまとめ，研究目的と関連づけた上で，3つの調査とその研究デザインを簡単に提示している。APA報告基準と比較すると，仮説または研究課題が明示されていない点が若干気になる。

質的手法を用いた調査1の結果をふまえ，調査2の「方法」のセクションでは，報告基準を満たした形で，簡潔に記述されている。例えば，Q4の研究参加者について，募集に応じた大学生に依頼したため，「比較的習熟度

右余白（縦書き）: **2** 実証研究—（量的研究）

の高い日本人英語学習者」が対象となったと記述がある（p. 226）。Q6のサンプルサイズについてデータ収集後に確認し，質問項目数に対して十分だったことが報告されている。Q14のデータ診断については，分布の歪みを確認したことが記述されている。Q15に関して，反転項目を分析でどう扱ったかの記述がなかった点は改善すべきであろう（鈴木氏によると，反転項目は値を反転させて分析に入れたそうである）。調査2の「結果」のセクションでは，探索的因子分析の手順と結果，解釈が，報告基準を満たした形でわかりやすくまとめられている。結果の因子構造の詳細は，因子負荷量と因子間相関を示す2つの表で示されている。

　調査2で因子構造を確認した質問紙を使った調査3の「方法」と「結果」のセクションでは，(a)「二元配置分散分析」と (b)「相関分析」という2つの分析を用いることが報告されている。記述は報告基準をかなり満たしているが，さらなる記述が求められる数点を以下に指摘したい。「方法」のQ5に関して，調査2の106名から48名をどのように選んだか，調査2と3の時期は同じだったか，ずれていたか（鈴木氏によると2つの調査を連続して行ったそうで，(a) の結果に影響があるかもしれない）。「方法」のQ6に関して，サンプルサイズは48名で十分だったか。「結果」のQ16に関して，(a) 分散分析の前提条件の確認の報告がない点，単純主効果の検定結果の情報提示が限られる点（例：検定統計量や自由度，効果量dの信頼区間が未報告），(b) 相関分析で有意な相関のみ表で提示している点（(a)と(b)の分析ともに，論文中での報告は困難として，表全部を補足資料として提示することが望ましい），相関係数が程度ではなく有意かどうかで解釈されている点。なお，相関の結果に，提示すべきだが一般にあまり提示されていない相関の信頼区間が提示されているのは評価すべきである。

　3つの調査結果を受けた「総合考察」のセクションでは，詳細な解釈が提示されている。先行研究との比較による類似点に基づく解釈を詳細に行い，限界点も明示している。鈴木氏の量的研究論文では，19ページの紙幅に調査が3つ含まれていて書ける情報量が限られることを考慮すると，非常に簡潔にわかりやすくまとめられていると言える。

　ここまで，量的研究論文に書くべきことについて，セクションごとの問い
を設定して整理するとともに，量的手法を用いた典型的な論文例を紹介した。
なお，実際にこれらの問いに答えながら論文の骨子を作成したい場合には，
リソース編「問いワークシート」（量的研究のための問い）（150ページ）を
活用することをおすすめする。

3. 量的研究をまとめるにあたって気をつけるべきポイント

3.1　良い量的研究とは

　Brown（2016）によると，良い量的研究は，「信頼性」，「妥当性」，「再現
可能性」，「一般化可能性」の程度が高い。上で触れた面があるが，ここで再
度まとめる。高い「信頼性」を持つ研究では，研究の測定や観察がかなり一
貫しており，研究結果が一貫している。高い「妥当性」を持つ研究では，測
定や観察が意図したものをかなり測っており，研究結果が，研究者が意図す
るものとかなり一致している（詳細は Takaki et al., 2018 参照）。高い「再現
可能性」を持つ研究では，読者がその研究と同じ研究を同じ手順で繰り返し
て検証できるような情報が十分提供されている。高い「一般化可能性」を持
つ研究では，研究結果が，研究の対象者（サンプル）を越えて，対象者が代
表する母集団へかなり一般化できる。このような4観点を満たす量的研究
を行うことを意識し，綿密な計画を立てて実行したい。

3.2　図を使ってデータを可視化する

　英語教育研究の分野における量的研究論文の報告基準では，上記基準に加
えて図を使ったデータの可視化が推奨されている。例えば，海外ジャーナル
の *Language Learning*（Norris et al., 2015）の報告基準では，「平均値の比
較等の報告の際，棒グラフ，線グラフ，ヒストグラム，散布図等の図の手法
を使うことによって，結果（例：平均値と95% 信頼区間）の主なパターンや，
個人の変動（例：平均値周辺の個人のばらつき，回帰直線）が解釈可能で役立
つ形で要約できるかを検討する」（p. 474）とあり，そのように要約可能な

場合には図の提示を勧めている。

　上でも触れた Aoyama et al. (2018) によると，*ARELE* 掲載論文におい
て，図の使用はほぼ棒グラフと線グラフに限られていた（表2）。図で表わ
した方がよいか，またどの図のタイプを用いるかは研究内容や結果によるが，
使用した方が効果的なのに使っていない研究も，かなりありそうである。

表2. *ARELE*（2010年～2017年）において報告されている図の種類（%）

棒グラフ	線グラフ	箱ひげ図	散布図	その他
50.9	48.3	3.4	3.4	ヒストグラム，パス図等

（Aoyama et al., 2018 にもとづき再計算）

　草薙（2014）によると，棒グラフと線グラフだけの場合，限られた情報
しか提示されないため，箱ひげ図，蜂群図，散布図，ヒストグラム，バイオ
リン図などの標本の分布を表す可視化方法を適宜使用するとよい。

図2. エラーバーを付与した棒グラフ（左），箱ひげ図（右）の例

注. 左のエラーバーは測定の標準誤差の95%信頼区間。$N=37$, Time 1: $M=128.6$, *SD*
$=16.5$; Time 2: $M=142.4$, $SD=15.9$; Time 3: $M=147.9$, $SD=21.7$; Time 4: $M=$
146.8, $SD=20.6$.

図3. ノッチを付与し，蜂群図を重ね描きした箱ひげ図（左），平均値と測定の標準誤差の95%信頼区間，蜂群図を重ね描きしたバイオリン図（右）の例

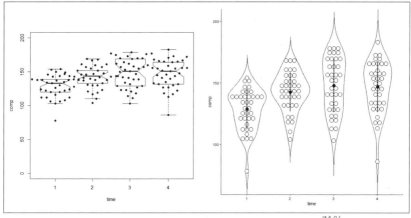

注. ノッチ（notch）は中央値の95%信頼区間を表す（Doyle, 2013）。蜂群図（beeswarm plot）は個々の値の分布を示し，バイオリン図（violin plot）はデータ分布の密度を示す可視化方法。

図4. ヒストグラムと散布図，相関係数を1つの図に含む相関行列図の例

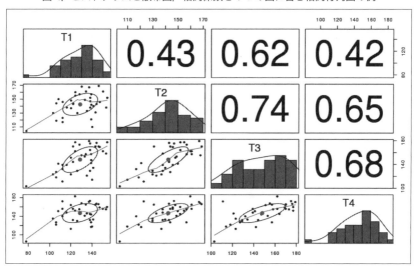

注. T＝Time. Mizumoto（n.d.）を用いて描写。図の値はピアソン積率相関係数。

　図 2〜4 は，同じ参加者に対して 4 回測定した英作文のデータをもとにさまざまな可視化方法を使って図示したものである（Sasaki et al., 2018 の composition scores を使用; 以下からダウンロード可：https://www.iris-data base.org/iris/app/home/detail?id=york:934302）。なお図 2〜3 で使用した R code は大修館書店の本書ウェブサイトよりダウンロードが可能である。研究目的や内容に応じてどの可視化方法が良いかを考え，最適な図を論文で報告したい（図のさらなる具体例，図の適切な選択と提示などについては，小林, 2019; Larson-Hall, 2017; 浦野他，2016 参照）。

3.3　序論と考察を深める

　量的研究論文は，分析方法や手順がかなり決まっており，それを身につければ，方法と結果は典型的な執筆パターンで書くことができるようになる。一方で，序論と考察が深まらないことが多く，「内容が薄くて，表面的」という批判を査読などで受けることもある。「内容が濃く深い」序論と考察にするためには，先行研究を読み込み，それと自分の研究とを密に関連づけ，読者を引きつけるような形で論文に表現する必要がある。そのためには，引用はしなくても，分野として近い論文を定期的に読むような努力が欠かせない。他の研究者が，序論から考察までをどのような流れで書いているかについて，論文を読みながら分析するとよい。まずは，ジャーナルの優秀論文賞を取った論文（ジャーナル発行の出版社や学会のウェブサイト参照）や，ジャーナルによく論文を掲載している研究者の論文の分析から始めてみることをおすすめしたい。また，IRIS や OSF でデータが公開されている論文を自分で再分析しながら読むことで，著者の思考過程を推測でき，著者が行っていない分析を行うことでさらに考察が深まることもある。

エキスパートからのアドバイス（1）
論文執筆で国際的研究コミュニティへの参加をめざそう

研究は世界とのコミュニケーション

　思えばずいぶん長い間研究論文を書いてきた。その間，大きな研究パラダイムの転換に出会い，認識論的に迷路に迷い込み方法論に悩んだこともあった。試行錯誤の中で発見したことは，研究はコミュニケーションだということ，つまり研究対象や理論，データとの対話，そして研究コミュニティへの参加のプロセスであるということだ。すると，論文を書くとは，まず先行研究を読むことを通して当該分野の研究者たちと対話をする，そして，研究のギャップ（これまで研究されてこなかった点）を探して，それを埋めるべく研究を実施し，その結果を「どうだ，これが私の返答だ」と提示することだ。私の場合は第二言語習得の情意面や異文化接触研究において，欧米中心の研究に何か違和感を感じて，「日本から見ると，こういう風に見える」と提案することに最もこだわってきた。「日本のEFL教室は沈黙が常態だ」という結論を出したイギリスの研究者に対して，Willingness to Communicate を上昇させる介入研究をして応答したこともある。また，論文を書くとき，批判の声も意識する。こういう批判や反応があるかもしれないから，ここでこういう説明や主張をしておこう，などと，研究者の声と対話しつつ書くことになる。

　無論このプロセスは，国内誌，国際誌に共通する。いずれにおいても，研究コミュニティへの参加のプロセスであることには変わりはない。しかし，相手が異なるので書き方や内容は違ってくる。国内誌では日本の事情によく通じた読者に対して，問題意識を確認したり，シェアしていく感じで語るのに対し，国際誌では，コンテキストも問題意識も多様なオーディエンスに対し，日本の事情をわかってもらいながら，普遍性のある知見を提示する必要がある。

世界にはばたけ！

　最近は日本の研究者の論文も多く国際誌に掲載されるようになったが，まだまだ欧米中心の分野である。もっともっとアジアからの挑戦が必要だ。外国語の学習を通して世界に羽ばたく人材を涵養する教育研究に携わるのであるなら，私たち自身がまず世界に羽ばたこう。国際誌に論文を掲載すると，読者の数が

飛躍的に多くなる。苦労した研究を少しでも多くの人に読んでもらいたいと誰もが思っているはずだ。今では世界各地で国際学会が開催され，参加する機会が増えているが，そんなときに，「論文を読みました」と話しかけてくれる人と議論することは，研究者にとってこの上なく楽しい（紙面を越えた）コミュニケーションのひとときだ。

　国際誌と国内誌いずれも，大切なコミュニティであることはすでに述べたが，私が経験した範囲で，両者の違いを少し書いておこう。国際誌は，国内学会誌のような厳しい字数制限がないことが多いが，内容に対して冗長なのは嫌がられる。また特に締切もなく，年中いつでも投稿できる。Literature Review の重要度が高く，必要な先行研究や研究の歴史をコンパクトに網羅し，その中でギャップを明確にすることが要求される。査読の方法もかなり違う。国内誌の場合，評価が点数化されているなど，客観性の高いものが多いが，国際誌は，採否を最終決定する上でエディターの権限がきわめて大きいので，誰が編集委員なのか，どういう専門分野の人なのかはチェックしておく方がよいであろう。また，査読者の意見のすべてにきっちりと反応する必要がある。一点一点どのように直したのか具体的に記述する。査読者の意見に賛同できないときには，根拠を示して反論することもできる。トップクラスのジャーナルになると1年に数百という投稿があるので，査読者に回される前に門前払いを食らうこともある。だから自分の論文はどこが強みで，どのような価値があるかを，論文の中に示すだけでなく，カバーレターにも書いてアピールする必要がある。

実践の共同体としての研究分野

　厳しい査読者やエディターの意見にすべて答えていくのは大変な作業だが，そのおかげで論文が飛躍的に良くなることがある。無料で論文指導をしてもらっているようなものだ。私自身も，国際誌に投稿し，改訂していくプロセスの中で多くを学び，育ててもらったと思っている。まさに，ジャーナル論文を書くことは，応用言語学という分野の実践の共同体（Community of Practice）に周辺から参加し，十全の参加をめざしていくプロセスであった。

　論文は多くの研究者との知の交流や融合の結果であり，また知を還元することである。論文執筆に向き合う1人ひとりの真摯な努力が，分野全体の研究の発展を支え，より良い社会の実現に貢献していくのだと考えたい。地味ではあるが，時間をかける価値のある活動だと信じている。

3

実証研究 II（質的研究）

1. 質的手法を用いた論文とは

　質的手法を用いた論文とはどのようなものだろうか。これは，第 2 章で述べた量的手法との違いをふまえるとわかりやすい。まず，質的手法を用いる場合は量的な測定を行わない。さらに言えば，量的な測定になじまないものを対象とする。例えば，「英語嫌いだった 1 人の学生がなぜ英語教師になりたいと思うようになったか」が研究のテーマだったとする。この場合，その学生固有の経験や行動選択について，学生自身がどう意味づけているのか，またその意味づけがどう表出・変容したのかを調べることになり，量的な測定や分析はそぐわない。このように，数字のデータを用いた統計的な分析ではなく，インタビューや観察などから得られた言語および観察の記録等の質的データを用いた分析を行い，その結果を秩序立てて学術的な文章としてまとめたものが質的手法を用いた論文（質的研究論文）である。

　「質的研究の最大の研究の道具 instrument, equipment は研究者自身」（大谷，2019，p. 257）ということばがあるように，質的研究では研究者自身の主観や解釈を介した分析と考察を行う。そのため，質的研究のプロセスでは研究者が自身の主観を自己認識しながら分析対象への理解を深めていく。一方で，論文にまとめる際には，自らの主観だけで独りよがりに導き出した理解ではないことをしっかりと論文に書いてアピールしなければならない。質的手法を用いた論文において，研究プロセスの詳細かつ丁寧な説明が強く求められる理由はここにある。では，具体的に何を書くことでそれが実現できるかを以下で見ていくこととする。

2. 質的研究論文に書くべきこと

　第1章で述べたように，APA第7版（APA, 2020）では質的研究論文の構成要素の概要がまとめられている（pp. 95-99）。そこでは，質的研究の手続きや方法，研究デザインには多くのバリエーションがあり，研究分野の特性に応じた報告内容の精査が必要であるといった内容も書かれている。

　では，英語教育研究の分野ではどのような内容が報告されるべきなのだろうか。以下では，英語教育研究の特性や執筆において特に重要と考えられる内容を考慮しながら，質的研究論文に書くべきことを整理する。第1章にある**表2**（19ページ）をベースに，またAPAの「質的研究論文報告基準」（APA, 2020, pp. 93-105）の内容もふまえながら，セクションごとに「執筆のための問い」を設定した。書くべき内容の概略を理解したあとに，自らの研究に当てはめてこの問いに答えることで，論文の大まかな骨子ができていくことを期待する。

2.1　序文・はじめに

> 【「序文・はじめに」のための問い】
> Q1. 英語教育研究のどの文脈が対象となっているか？
> Q2. 研究の目的は何か？
> Q3. 研究の目的に関連する過去の文献とその内容は何か？
> Q4. この研究に質的研究が適している理由は何か？
> Q5. どのような質的分析の手法を用いているか？
> Q6. 研究の意義や必要性は何か？
> Q7. この研究の研究課題は何か？

　「序文・はじめに」は，研究対象となる文脈（Q1），研究目的（Q2）や研究課題（Q7）の設定に至った経緯を説明するセクションである。これらを述べる際には，量的および質的研究の両方の先行研究を適宜取り上げながら

説明を行う（Q3）。質的研究では，研究者自身の特性や主観が分析や解釈のプロセスに影響を与え，必然的にそれらが研究課題の設定にも関連してくることがある。そのため，ここでは先行研究だけではなくテーマと関連する研究者自身の背景や関心なども説明する。

　次に，質的研究のデザインを用いる妥当性を根拠に基づいて述べる（Q4）。例えば，「指導効果を検証するような集団を対象とする量的な研究デザインでは，個々の学習者の学習プロセスが観察できないため，質的研究デザインの採用によりこれまでにできなかった分析が実現する」と主張することで妥当性をアピールする方法があるだろう。また，関連してどのように質的分析を行ったかも述べる（Q5）。その際は，先行研究をレビューしながら説明を行う。それを行うことによって，分野への新たな貢献として自分の研究が持つ意義や必要性（Q6）にもつなげることができる。最後に，具体的に明らかにしたいことを研究課題として提示する（Q7）。これは次の「方法」セクションの冒頭で述べられることもある。

2.2　方法

【「方法」のための問い】

Q8．研究のフィールドとはどのような関係性があったか？

Q9．研究参加者とはどのような関係性か？

Q10．研究参加者をどう選択したか？

Q11．倫理的にどのような配慮をしたか？

Q12．研究参加者は研究テーマと関連してどんな特性を持っていたか？

Q13．どのようにデータを収集・分析したか？

Q14．データ収集や分析の内容について，研究参加者や他の研究者からフィードバックを得たか？

　「方法」は，データ収集と分析の過程を時系列で示すことを目的とするセクションである。これらは必要に応じて，プロセス図などを用いて説明して

もよい。質的データ分析は，心理学などの他の分野から手法を応用したり，複数の手法を組み合わせたりすることがある。よって，このセクションでは，データ収集と分析方法について順序立てて詳細に説明することが求められる。

　「方法」のセクションには，基本的に以下の（1）〜（5）の項目を含めて書く必要がある。

（1）研究デザインの概要

　研究デザインの概要として質的データの収集や分析の方法，またそれらのプロセスについて簡潔にまとめる。また，序文で書いていない場合には，質的研究のデザインを用いた理由について根拠とともに説明する。

（2）研究参加者あるいはデータソース

　次に，研究者とフィールドおよび研究参加者との関係についても記述する（Q8 と Q9）。例えば，研究者＝現場の教師であれば，経験年数によって観点や解釈が異なり，結果や考察も異なることが予想される。また，フィールドにおける研究者の存在そのものが研究の内容に影響を与えることもある。この点を読者に理解してもらうために，これらの情報は必ず記述する。具体的には，研究者が参加者を直接的に指導する教師なのか，ティーチングアシスタント等の授業補助者なのかなど，参加者との関係も記述する。これは，日常のコミュニケーションでも頻繁に起こるように，関係性によって自己開示の度合いが変わることがあるからである。

（3）研究参加者の募集

　参加者の選定や募集，依頼の手続き（対面での依頼，紹介，メール，文書等）についても説明を行うとともに，そのプロセスで実施した倫理的な配慮や同意取得の方法も記述する（Q10 と Q11）。質的研究は研究者が興味・関心のある現象についての経験を持っている人を参加者とすることが多い。参加者が持つ固有の経験や特性も分析の結果や考察に当然影響することから，選択理由にはそれらを含めて記述する（Q12）。

(4) データ収集

　ここでは，データ収集のプロセスについて詳細に説明する（Q13）。まず，インタビューや自由記述等の言語データを収集する質問紙，観察によるフィールドノーツ等，研究で採用したデータ収集の形式について述べる。その際，その収集方法が研究デザインに適している理由も説明する。併せて，収集の時期や費やした期間も記述する。例えば，インタビューであれば，毎回のインタビューにかかった時間や平均でかかった時間も記述する。半構造化インタビューでは，インタビューの過程で問う項目が変わったり追加したりすることもある。細かな質問すべてを提示する必要はないが，中心的な質問項目は表にまとめるなどして提示する。録音やビデオ撮影等を行った場合にはそれを記述し，誰がどのように文字起こし等のデータ化を行ったかも書く。

(5) データ分析

　ここでは採用したデータ分析の手法や手順について説明を行う（Q13）。コーディングからカテゴリー化を行う分析がなされたのか，もしくはインタビューの逐語録や質問紙の回答などの記述の内容を対象とした分析がなされたのか，順序や時間の流れ（時系列）に沿って分析を進めたのか等，分析をどのように行ったかについて具体的なプロセスを明示的に記述する。質的研究のデータ分析の手続きは非常に多様かつ複雑であるため，それぞれの手法の特性に応じて，分析の手続きをプロセス化した図などを用いながら，分析の流れを例示して説明することが必要である。分析の手続きを一部でも例示することで，読者はその他の分析も同じ手順で進められたことが理解できる。また，分析の結果がどのように導かれたのかについて納得して読むことができる。さらに，分析手続きの提示は，分析が適切に行われたことをアピールするうえでも有効である。データ収集と分析については，例えば得られたインタビューの逐語録の内容や生成されたカテゴリー等について，研究参加者や他の研究者による確認とフィードバックを得ることも，データ収集の適切性や分析の妥当性をアピールするために有効である。実際にこの手続きを行った場合は説明に加える（Q14）。

3

実証研究Ⅱ（質的研究）

　質的データ分析の手法はその多様さゆえ，読者（査読者を含む；以下，同様）が必ずしもその手法に精通しているわけではない。とりわけ，特定のネーミングを持つ研究手法については，自分には自明でも読者にはそうではない可能性もある。そのことを意識しながら，分析手法も丁寧に説明するのがよい。なお，質的アプローチやデータ分析の種類および具体的内容については，サトウ他（2019）が参考になる。テーマに応じた研究法の選択をコンセプトとしてまとめられており，質的アプローチや分析手法の説明に役立つだろう。また，質的データ分析でよく用いられるコーディングとカテゴリー化の基本的なやり方や，コーディングの信頼性を担保する方法については，浦野他（2016）を参照するとよい。

2.3　結果

> 【「結果」のための問い】
> Q15. 分析を通じて明らかになったことは具体的に何か？
> Q16. 図や表，発言の引用などの構造化された情報は作成したか？
> Q17. 明らかになったことに対してどんな意味づけや理解をしたか？

　「結果」のセクションでは，結果が導かれた経緯と明らかになったことをエビデンス（抽象化の過程の説明やインタビューでの発言の引用等）とともに説明する（Q15）。また，その説明は採用した研究デザインに沿って行われ，例えば先述したコーディングからカテゴリー化する分析を行ったのであれば，カテゴリー間の関係やつながりについて説明する。一方，インタビューや質問紙の記述内容を分析したのであれば，例えば研究参加者の語った経験について整理して説明する。その際，図や表，発言の引用などを整理したもの（構造化したもの）を前後のつながりをふまえて提示・説明する（Q16）。質的研究では，これらの構造化された図表の内容に言及しながら，データ分析から明らかになったこと，およびそこから導き出された意味や理解を順序立てて説明することが多い（Q17）。

2.4 考察

【「考察」のための問い】

Q18. 得られた結果と先行研究の結果との類似点および相違点は何か？

Q19. 研究課題への回答をしているか？

Q20. 英語教育（研究）の分野や実践に与える示唆は何か？

Q21. 自分が行った質的研究が持つ限界や課題は何か？

Q22. 今後の研究に対する展望は何か？

「考察」のセクションでは，「結果」のセクションで書いたことを繰り返して述べるだけにならないように気をつけながら，先行研究の理論や明らかになった結果との類似点や相違点を関わらせて考察を述べる（Q18）。これによって，自らの研究が位置する研究分野への知見が上乗せされたことや，新たな知見が得られたことをわかりやすく示すことができる。また，考察が研究課題に対する回答になっているかについても確認し，前段で述べた内容との一貫性にも気を配りながら記述する（Q19）。

次に，「英語教育」の研究であることから，研究の意義や強みとして，英語教育研究の関連分野を前進させるためにどのような貢献ができたかについて述べる。いわゆる教育的示唆として，得られた知見が英語教育の実践にどのような形で転用できるか（転用可能性）を考慮しながら，研究の成果がなし得る貢献について具体的に言及する（Q20）。

続けて，自分の研究で不十分だったと感じる点を研究の限界として述べる（Q21）。ここでは，分析で解明できなかった部分や，研究者の主観が分析手続きの適切さ（誠実さ）や信頼性に対して与えたネガティブな影響について指摘されていることが多い。最後に，研究を通じて浮上した新たな研究課題について言及し，今後の研究への展望を述べるとよい（Q22）。

2.5 質的研究論文の例

ここでは実際の質的研究論文を例に，上で説明した内容がどのように書か

れているかを中心に見ていく。取り上げるのは，2018年3月刊行の『言語教師教育』（発行：JACET 教育問題研究会）に掲載された，髙木亜希子氏による「若手英語教師による学びと成長の軌跡—授業研究協議会後のインタビュー分析に基づく教師の認知」という論文（髙木, 2018）である。

　この研究は，インタビューに基づく質的分析を通じて，若手の英語教師の成長過程について調査している。授業研究協議会に参加する若手の英語教師からインタビューを通じてデータを収集し，分析手法には質的内容分析を用いている。分析から浮上した9つのカテゴリーのうち，「生徒の発話」「生徒とのやりとり」「本文の内容理解」の3つに焦点を当て，「若手英語教師は得られた助言を自身の信念や知識に応じて取捨選択および試行錯誤しながら実践を変容していくこと」が明らかになったことを示している。

　序論に該当するセクションでは，教師の学びと成長における省察の機能を研究の対象とすると述べ，具体的な文脈として授業研究協議会を挙げて研究文脈の大枠を説明している。APA の報告基準との関連では，「序文・はじめに」の Q3 のように，目的と研究課題の説明を「省察を通じた学び」をキーワードに関連の先行研究を取り上げて展開している。また，筆者自身の協議会への参加の経験やその中で感じた疑問（例：「不安という言葉が気になり，その意味を尋ねたところ，…」(p.50)）にも具体的な形で言及し，課題の着想に至るまでの経緯を説明している。さらに，「教師自身が協議会における学びと実践の変容についてどのように認知しているか」を研究課題に設定し，インタビューデータの分析に基づく質的研究のデザインを用いることを理由とともに述べている。また，協議会を対象とする研究分野で最もよく使用される談話分析を例に挙げ，研究の焦点や目的の違いに言及することで，データ収集や分析手法の選択の妥当性を説明している。

　方法のセクションでは，冒頭で研究課題を提示し，研究期間，研究参加者の詳細，筆者との関係性，データ収集のフィールドとしての授業研究協議会について詳細に説明している。

　データの収集では，半構造化インタビューの回数や担当者，合計時間と平均時間，IC レコーダーへの録音と文字起こしの担当者に至るまで詳細に言

図1. 論文例（髙木, 2018）の展開イメージ

〔序論〕
○先行研究を取り上げながら教師の省察の研究と分野の課題，フィールドとしての授業研究協議会について説明する。
○筆者の経験や疑問から研究の着想と研究課題（若手英語教師の学びと成長に関する自己認知）につなげる。
○教師の認知を語りから明らかにするため，インタビューによるデータ収集と分析を行う。

〔方法〕
○研究参加者や研究のフィールド（協議会）について説明する。
○複数回のインタビューデータの収集に加え，分析の手順を説明し，浮上したコードや抽出したカテゴリー（例：［生徒の発話］ほか全9つのカテゴリー）を示す。

〔結果と考察〕
○3つの観点に分けて，カテゴリーごとのコーディングの一覧やインタビューにおける実際の発言をエビデンスとして取り上げて自身の解釈を述べ，研究参加者の信念や実践上の問題意識，実践と協議会における学びと省察の過程を説明している。

〔総合考察／課題と今後の展望〕
○結果と考察で明らかになったことを，序論で提示した先行研究のモデル図に当てはめて解釈・説明し，得られた示唆に言及する。
○研究結果をふまえた課題2点と今後の展望について述べる。

3

実証研究Ⅱ（質的研究）

及している。また，インタビューの質問項目を表で提示するとともに，不注意で尋ねなかった質問や研究の過程で質問項目を追加したことなど，収集のプロセスで起こった事実を時系列で余すところなく説明している。

　一方，データ分析については，質的内容分析の4つの手順を説明したうえで，コーディングとカテゴリー化がどのようになされたか実際のデータを用いて例示している。また，各コードの数とともに9つのカテゴリー（例：［生徒の発話］［生徒とのやりとり］［本文の内容理解］など）が抽出されたことを報告している。なお，分析のプロセスは丁寧に記述されているものの，上述の報告基準の「方法」セクションのQ11で言及されているような同意の取得については，「研究代表者が声をかけたところ対象者となることに同意をした」(p. 52)とあるのみで，承諾書等の書面によるやりとりがあったかは定かではない。また，「方法」セクションのQ14にあるような，収集したデータや分析の適切性および生成されたカテゴリーの妥当性について，研究参加者や他の研究者によるフィードバックを通じて確認したか否かは論文中では触れられていない。

　結果と考察のセクションでは，「2年目の実践当初の信念と実践における問題意識」，「2，3年目の実践と協議会における学び」，「2年目の実践の省察と3年目の実践の省察」の3つの観点ごとに解釈と説明を行っている（なお，この論文のように，論文によっては，結果と考察が同じセクションに書かれることもある）。抽出した9つのカテゴリーすべてではなく，コード数の多かった3つのカテゴリーに着目して説明している。結果の提示方法として，抽出したカテゴリーごとにコードを一覧表にし，また発言を網掛けにして，どの発言がコーディングされたのかを示している。例えば，［生徒の発話］カテゴリーのコード一覧では，「生徒が自分の気持ちや考えを表現すること」や「生徒が安心して話せる雰囲気づくり」などのコードが網掛けされ，なぜそのコードが浮上し，また［生徒の発話］カテゴリーが導かれたかを読者が理解しやすいようにしている。APAの報告基準との関連では，「結果」セクションのQ16にあるように，セクション全体を通じて，表を用いた説明と併せて実際の発言も引用して説明しており，結果と考察においても自ら

の解釈が導かれた経緯とそのエビデンスがしっかりと示されている。

　総合考察のセクションでは，教師の認知を1年ごとに示すことで，どのような変容があったかを説明している。さらに，「考察」セクションのQ18のように，先行研究との関連によって考察を展開している。具体的には，先行研究で触れた「教師の成長の相互関連モデル」のモデル図や文献レビューの内容を再度取り上げ，結果および考察から得られた内容と関連づけて解釈し，教師の認知過程や学びを通じた成長の背景要因，研究を通じて明らかになったこと，協議会のあり方に対する示唆について言及している。

　課題と今後の展望のセクションでは，教師自身の変容と認知を明らかにできたことを研究の成果として述べている。また「見えない実践」に迫れなかったことを研究の限界点とし，協議会のあり方や参加者の関わりのあり方を探求していないことが今後の課題として示されている。

＊

　ここまで，質的研究論文に書くべきことについて，セクションごとの問いを設定して整理するとともに，質的手法を用いた典型的な論文例を紹介した。なお，実際にこれらの問いに答えながら論文の骨子を作成したい場合には，リソース編「問いワークシート」（質的研究のための問い）（153ページ）を活用することをおすすめする。

3. 英語教育研究における質的研究のアプローチと分析手法

　質的研究論文を読むと，「質的アプローチ」という表現をよく目にする。アプローチという文言は便利ではあるが，その内実は見えにくいことが多い。浦野他（2016）では，研究の前提となる考え方やデータ収集法・分析法を含めた一連の研究法に対する理解がある程度共有されているものを質的なアプローチとし，データ収集法や分析法とは区別して定義している。

　質的研究のアプローチや分析の手法は非常に多様であるため，質的研究デザインを通じて明らかにしたいテーマがあっても，その多様さゆえにどの手法を用いたらよいか困ることがある。その場合，英語教育研究でよく使われ

３
実証研究＝（質的研究）

るアプローチや分析の手法を知っておくことは有益であろう。事例研究，ナラティブ探求，エスノグラフィー，GTA，質的記述的研究などが英語教育研究でよく用いられる質的研究のアプローチとされ，会話分析，談話分析，テーマ分析（質的内容分析）などがよく使われる分析手法とされている（浦野他，2016）。

　これらの分析アプローチや手法は，文化の理解や現象の構造，相互作用における言語的な特徴，現象に潜む何らかのパターンを見出すには有効だが，現象の経時的なプロセスや個人の内的な変容そのもの，またはその要因等を明らかにするという点においては課題があった。このことをふまえ，今後の英語教育研究の分野において，利用が増える質的アプローチとなりうるものの1つには，「複線径路等至性アプローチ」（Trajectory Equifinality Approach: TEA; 安田他，2015）が挙げられる。これは人間の行動選択，意思決定，意識の変容などがどのようなプロセスであったかを可視化して描くアプローチである。分析の手続きは，研究者が興味・関心を持った現象を経験した人を招いて，半構造化インタビューを通じてデータの収集を行う。そこで得られた語りの内容をもとに分析を進める。分析の手続きでは，過去の経験における選択や意思決定，および行動の促進・阻害要因をふまえながら，定められた到達点に至るまでの径路を時間の流れとともに図式化する。その後，その図を用いながらさらにインタビューを繰り返し行い，重要な選択や意思決定の背景にある信念・価値観の発生や変化などをつぶさに捉えていく。英語教育研究で TEA を用いた研究は，中心概念の1つである Trajectory Equifinality Model（TEM）を含めてもまだ少数であるが，その例としては，自己調整学習に対する教師の形成的フィードバックの効果について，経時的な変化の観点から質的に分析した Tsuchiya（2018）などがある。

　また，今後利用の増加が見込まれる分析の手法として，SCAT（Steps for Coding and Theorization; 大谷，2019）を挙げる。コーディングは質的研究の分析でよく用いられる手法だが，とりわけこれまで英語教育研究で行われてきた分析アプローチや手法では，標準化された手法はありながらも実施自体の困難さやコーディングのプロセスを明示的に示すことには限界があった。

SCAT は考案者の大谷尚氏が述べているように，初学者にも着手しやすく，またコーディングのプロセスを段階的かつ明示的に実施することができる質的分析の手法である。SCAT による分析には 5 つのステップがある。最初のステップでは，①「テクスト中の注目すべき語句」を抜き出し，次のステップでは，②「テクスト中の語句の言いかえ」をする。続いて，3 つ目のステップ③「左を説明するようなテクスト外の概念」では，元のテクストデータのみではわからない背景を補足する。さらに，分析対象とした部分のデータ全体を説明するような④「テーマ・構成概念」を浮上させ，最後のステップで新たな⑤「疑問・課題」を記述する。この①から⑤までのステップでコーディングした内容を再文脈化して「ストーリーライン」を作成するとともに，それをさらに抽象化させた「理論記述」を作成する。SCAT では，この一連の分析手続きを scatform と呼ばれるフォーム（表）に記述しながら進めることから，コーディングによる分析のプロセスを可視化して行うことができる。なお，このフォームは SCAT のホームページでダウンロードが可能である（http://www.educa.nagoya-u.ac.jp/~otani/scat/#09）。英語教育研究でSCAT を用いた例には，海外での教育実習を経験した教師志望の学生の自己観の変容について分析を行った Honda et al.（2017）などがある。

　日本語教育の分野でよく使われている PAC 分析（Personal Attitude Construct Analysis：個人別態度構造分析；内藤，2002）もここで紹介する。言語教育という面で共通点が大きいことから，PAC 分析は今後，英語教育の分野でも利用が進む質的分析の手法となるだろう。PAC 分析は，個人ごとの態度やイメージを把握する質的分析の手法で，学習者や教師が持つビリーフなどを明らかにするのに適している分析手法である。具体的な分析の手続きは，研究参加者に研究のテーマに関する刺激文をもとに自由連想で思いつくことをすべて付箋に書き出してもらう。次にそれを重要度に応じて並べ替えて順に番号をつけていく。そのあとには，付箋に書かれた項目同士が直感的にどの程度近いかを 7 段階（「かなり近い」から「かなり遠い」まで）で評定してもらい，その結果得られた非類似度距離行列表を用いて，クラスター分析を行う。その後，研究参加者による出力されたデンドログラムを用いたク

3

ラスター構造の解釈結果とインタビューの結果を用いて総合的解釈を行う。なお PAC 分析は，分析の過程でクラスター分析を行うことから，混合型研究法（コラム 3 (pp. 59-60) 参照）の分析手法として認識されることもある。しかし，サトウ他（2019）においては質的研究法として捉えられていることから，ここでは質的分析の手法として紹介している。

　多様なアプローチや分析手法の中からどれを選択するかを決めるうえで，まず自らの研究テーマと理論的にマッチングしうる研究手法にどのようなものがあるのかを知ることが必要である。そして，その中から自分が明らかにしたいことに近づくために最も良いものを選択するのが適切な流れだと考えられる。研究方法からテーマを選ぶのではなく，明らかにしたい内容やテーマからそれに適合する手法を選ぶことで，研究デザインの妥当性を示す際の根拠もスムーズに説明できるようになるはずである。

4．質的研究をまとめるにあたって気をつけるべきポイント

4.1　教育的示唆の捉え方と書き方

　質的研究では，教育的示唆をどのように捉えるべきか悩ましく感じることがある。質的研究はそもそも一般化を目的としておらず，個別具体的な結果と考察が最終的に現れてくるからである。教育的示唆を 1 つの研究の成果のみから見出すのは拙速であるし，筆者は査読者からそのようなコメントをもらったことも実際にある。これについて，浦野（2018）は，量的・質的研究ともに教育的示唆についてはできるだけ conservative な示唆に留めておくこと，または複数の関連研究の結果と統合させた形で述べることを提案している。また，自らの研究のどのポイントが実践に役立ちうるかを深く考えたうえで執筆することも大切となる。さらに，自分が役立つと思ってもそれがうまく伝わらなければ，そもそも示唆を述べる意味がないため，読者がその実践の内容や状況を容易にイメージできるような記述をすることが肝要である。

4.2 誠実な記述をすること

　研究の開始から執筆を終えるまでの研究プロセス全体に誠実であることは，質的研究を行う際には非常に重要なことである。これには，倫理的な理由（第9章参照）ももちろん含まれるが，特に執筆の際の心がけとして，自分自身の主観を自己認識しながら，解釈が研究参加者の認識から飛躍したり矛盾したりすることのないように記述をすべきである。どこかで意図的な飛躍を行えば，それを取り繕うために他の部分に綻びが出てくる。これを避けるため，また誠実な記述を実現するためには，先にも紹介したように，執筆段階に入っていても，共同研究者や研究者仲間，また研究参加者本人によるフィードバックを得るなどして，得られた概念の一致や，内容の確認等を行いながら執筆を進めていくのが1つの手立てとなるだろう。

4.3 良い質的研究とは

　質的研究の評価基準としては，「信用性」「信憑性」「確証性」「移転性」の4点が挙げられている（久保田，1997；髙木，2009）。具体的には，①データが真実を描いており，信頼に足るものであるか（信用性），②読者が研究のプロセスを正確に辿るために十分な記述をしているか（信憑性），③研究の結論と解釈がデータから浮上したものであることを読者が確認できるように示せているか（確証性），④読者が自身の状況に結果を移転してどのくらい通用するか（移転性），である。

　上で触れた浦野（2018）の講演の中で，「質的研究の論文を読み，良いドキュメンタリーを観たときと同じ満足感を得られた場合に，それは良い質的研究だったと言えるのではないか」といった説明があった。たしかに良いドキュメンタリーは，まったく知らない文脈や人が取り上げられていたとしても，映像を介して実像を詳細に見せることで文脈や人に対する理解を促す。また，密着している人やその周囲の人の人生で起こった印象的な経験・出来事に焦点を当て，感情の機微を映しながらその人にあった何らかの変容を見せている。上の評価基準に当てはめれば，視聴者は実像と実際の発言や出来事，変容を映像で見ているため，「信用性」「信憑性」「確証性」は満たされ

ている。論文では，読者が追体験できるように，研究参加者の文脈や変容等を詳しく丁寧に記述することでこれらを満たすこととなる。また，印象深いドキュメンタリーであればあるほど，見ている人に何らかの「共感」を生じさせているはずである。共感は，先の「移転性」とオーバラップする。十分な追体験を促す記述を実現するとともに得られた結果と考察に共感させることができれば，読者も自分自身の文脈に当てはめて何かを考えるはずである。「追体験」と「共感」を読者に与えるイメージを持ち，かつ上述の4つの観点を意識して記述することで，より良い質的研究論文の執筆が実現するだろう。

混合型研究法を用いた論文執筆

混合型研究法と英語教育研究

　混合型研究法は，量的研究と質的研究の方法を合わせ，2 つを統合することにより，片方のみでは得られない，データの深い理解や，さらなる洞察を得るために行う（APA, 2020; Creswell, 2017; 川口，2011; Teddlie & Tashakkori, 2017 を参照）。混合型研究法デザインは，大まかに 4 種類に分けられ（表 1 参照），論文中に図で提示することが多い（Creswell & Plano Clark, 2018）。

表 1．混合型研究法デザインの種類（Creswell & Creswell, 2018 に基づく）

デザイン名	特徴	パターン
収斂（convergent）	同時期に行った質と量を合わせる	QUAL＋QUAN QUAL＋quan QUAN＋qual
説明的順次 （explanatory sequential）	量でわかった結果を質で説明する	QUAN → QUAL QUAN → qual quan → QUAL
探索的順次 （exploratory sequential）	質でわかった結果に基づき量を行う	QUAL → QUAN QUAL → quan qual → QUAN
核デザインが埋め込まれた複雑なデザイン	例：探索的順次，収斂（核デザイン），説明的順次デザインを組み合わせる	例：QUAL → （QUAL＋QUAN）→ QUAL

注．質＝質的研究＝QUAL．量＝量的研究＝QUAN．大文字（例：QUAL）だと高い重みづけ，小文字（例：qual）だと低い重みづけ。

　第 2 章で扱った論文（鈴木，2018）は，質的調査で開発した質問紙（調査 1）について量的に妥当性検証を進める（調査 2 と 3）という構造のため，「探索的順次デザイン」を用いた混合型研究と解釈できる（qual → QUAN → QUAN）。

英語教育研究の分野においては，混合型研究は徐々に増えているが，まだかなり数が少ない。例えば，1979年からの30年間の*JALT Journal*掲載の実証研究論文を5年ごとに分析すると，最初は0％だったが，2004年から2008年では15％に若干増えていた（Stapleton & Collett, 2010）。日本の他ジャーナルにおいては，さらに少ない使用割合が報告されている（2.8〜7.5％；Honda et al., 2018；Mizumoto et al., 2014）。実は海外の状況も日本とあまり変わらず，使用は一部にとどまる。Tojo and Takagi（2017）は国際ジャーナル3誌（例：*TESOL Quarterly*）で2006年から10年間に掲載された論文のうち，11〜15％のみが混合型研究法を用いていたと報告している。一方，Cheng and Fox（2013）によると，2006年から5年間において博士課程を持つカナダ19大学で，言語評価をテーマにした博士論文は24本あり，そのうち66.7％が混合型研究法を用いていた。この傾向が日本のさまざまな分野で広がることを期待する。博士論文での混合型研究法の使用が増えれば，博士号取得後にもその方法を使い，指導学生にも勧める可能性が高く，深い考察を導く有用な混合型研究法の使用が将来は増えていくだろう。

混合型研究の執筆

　混合型研究をまとめる際，1本の投稿論文にする方法が一般的である。しかし，詳細を書こうとするとスペースが足りずに困ってしまうこともある。その場合，研究課題を明確に分け，質的研究論文として1本，量的研究論文として1本，2つを合わせた形の混合型研究論文として1本という形でまとめる方法もある（APA, 2020）。Llosa（2008）がこの例と考えられる（QUAN＋QUAL）。量的研究（Llosa, 2007）では構造方程式モデリングを用い，基準に基づく教員の判断による英語熟達度の教室内評価が，標準化テストと似たものを測っていることを示した。質的研究（Llosa, 2005）では，教員がどのように英語熟達度を判断しているかを言語化してもらい，言語能力以外の生徒の特性や行動，教員の信念，外的な圧力等が判断に影響することを示した。2つの研究を統合したLlosa（2008）では，妥当性の枠組みに基づいた新たな研究課題を提示し，統合した解釈を示した。先行研究のさまざまな例を読むと，自分の研究の執筆への良いアイディアが浮かんでくることだろう（以下の論文例やリストも参照；Hashemi & Babaii, 2013；Moeller, Creswell, & Saville, 2016；Riazi, 2017）。

4

文献レビュー・理論研究・方法論研究

　ここでは文献レビュー，理論研究，方法論研究の3タイプの論文について，具体例を通してタイプ別に解説を行う。

1.　文献レビュー論文

　文献レビュー（literature reviews）論文は，APA第6版（APA, 2009）までは「先行研究の批判的検討」を内容としており，先行研究の成果を統計的に統合するメタ分析論文も含まれていた。しかし第7版（APA, 2020）からは「先行研究の成果や理論の概要をまとめた要約や評価」を内容とすることになった。執筆者には以下のような記述が求められている（p. 8）。

・研究課題（リサーチ・クエスチョン）を明確に定義する。
・読者に研究の現状に関する情報提供を行うために先行研究を要約する。
・先行文献において関連する点，矛盾する点，異なる点，一貫しない点を
　確認する。
・研究課題の解決に向けての見通しを提示する。

　以下では，国内の英語教育系ジャーナルの1つである『関東甲信越英語教育学会誌』（*KATE Journal*）に掲載された具体例を元に文献レビュー論文の構成要素を見ていくことにする。

1.1　文献レビュー論文の例
　例として取り上げるのは，東條弘子氏による「外国語教育研究における社

会文化理論の布置」というテーマの論文（東條, 2014）である。この論文は「理論的研究論文」として採録されているが, 約80編の文献を引用して社会文化理論の系譜と特徴を明らかにしており, 文献レビュー論文としても非常に参考になる。

　まず第1節「問題と目的」で, 東條氏は「外国語学習を含む広義の第二言語習得研究における社会文化理論の布置を明らかにする」という研究課題を明確にして, 「日本の外国語教育を視野に入れ, 社会文化理論の可能性と課題を論じた研究は殆どない」という問題を指摘している。そして, 「国内外における社会文化理論系譜の外国語教育研究に焦点を当てて, 何がどのように明らかにされ課題は何かを, 筆者なりに抽出する」と述べ, またこれにより「外国語教育における参加者主体型実証研究のあり方に示唆を得る」という研究目的を提示している。

　第2節「社会文化理論の系譜と特徴」では, 第二言語習得研究において社会文化理論が提唱されるに至った経緯を読者に解説するために, また第3節「社会文化理論に依拠する外国語教育研究」では, ヴィゴツキー心理学の核となる3つの主題を視座として, 読者に国内外の外国語教育研究の現状に関する情報提供を行うために先行研究を適切に要約し, 論考を行っている。最後の第4節「日本の外国語教育研究における社会文化理論の可能性と課題」では, 議論を総括して日本の外国語教育に参加者主体型実証研究の研究手法が導入されることの意義について言及し, 研究課題の解決に向けての展望が示されている。

1.2　文献レビュー論文に書くべき内容

　文献レビュー論文では, 自分が設定した研究課題について, 読者に研究の現状に関する情報提供を行うために, 関連する先行研究の要約を行う。したがって, レビューは研究課題に焦点化された関連性の高い文献を選定して執筆を行う。また, レビューの配列は年代順というよりは, 論旨に一貫性を持たせることを重視する。書くべき内容としては, 先行文献と関連する点ばかりではなく, 矛盾する点, 異なる点, 一貫しない点など批判的に検討した内

図1. 論文例（東條，2014）の展開イメージ

〔序論〕
○「問題と目的」というセクションで，研究課題と研究目的について説明する。

↓

〔本論①〕
○「社会文化理論の系譜と特徴」というセクションで，先行研究を概観するための視点を提示する。

↓

〔本論②〕
○「社会文化理論に依拠する外国語教育研究」というセクションで，先行研究を概観するための視点を提示する。
○「個人の精神機能における社会生活の起源への視座」から実証研究の具体例を提示し，その動向について説明する。
○「人間の行為における道具や記号による媒介への視座」から実証研究の具体例を提示し，その動向について説明する。
○「発生的・発達的分析への視座」から実証研究の具体例を提示し，その動向について説明する。

↓

〔結論〕
○「日本の外国語教育研究における社会文化理論の可能性と課題」というセクションで，今後の展望について述べる。

4

文献レビュー・理論研究・方法論研究

容を記述して，これまでの研究の限界や不足を補うという，自分の論文の立ち位置を明確にすることがポイントとなる。

1.3　文献レビュー論文を書く際に気をつけるべきポイント

文献レビュー論文を執筆するためには，当然のことながら当該分野における専門知識を十分に持っている必要がある。しかし，その論文の読者は必ずしも内容を理解するために必要な基礎的知識を持っているとは限らない。むしろ，当該分野の研究を俯瞰して今後の研究に関する展望を得たいという思いからレビュー論文を手にする読者も多いと言える。そこで執筆する際には，1）全体的に平易な記述を心がける，2）用語等は具体的に解説する，3）引用文献だけではなく，参考文献などに関する情報提供などにも配慮すると良い。

2.　理論論文

APA 第 7 版では，理論論文とは「現存の研究文献からより進歩した理論を導き出す」ものと定義されている。執筆者には以下の内容を記述することが求められている（p. 8）。

・理論構成を発展させたり精緻化するために，ある理論の新事実を明らかにして新しい理論を提示したり，現存の理論を分析する。
・ある理論の欠点や矛盾点を指摘する。
・ある理論の別の理論に対する優越性を論証する。
・ある理論の内的整合性と外的妥当性を検討する。

以下では，全国語学教育学会（JALT）が発行するジャーナル *The Language Teacher* に掲載された理論論文の具体例を見ていくことにする。

2.1　理論論文の例

例として取り上げるのは，廣森友人氏による「ダイナミックシステム理論

に基づいた新しい動機づけ研究の可能性」という論文（廣森, 2014）である。この論文では，第二言語学習に関連する動機づけ研究の課題を指摘したうえで，それを解決するための新しい理論的枠組みとしてダイナミックシステム理論が紹介されている。

図2. 論文例（廣森, 2014）の展開イメージ

〔序論〕
○近年の第二言語学習に関わる動機づけ研究の課題を指摘し，課題解決の方向性について説明する。

〔本論①〕
○「ダイナミックシステム理論と動機づけ研究」というセクションで，動機づけ研究へのダイナミックシステム理論の導入の意義について説明する。

〔本論②〕
○「ダイナミックシステム理論の基本的手続き」というセクションで，方法論上の基本的手続きについて説明する。
○方法論の基本的手続き①〜⑤それぞれについて，具体的内容を説明する。

〔結論〕
○ダイナミックシステム理論を動機づけ研究に導入することによる研究可能性について述べる。

　まず「はじめに」において，動機づけ研究が十分な教育的示唆を提示でき
ていない理由として，トップダウン的研究による実践的示唆の一般化と動機
づけの連続的な発達プロセスを捉えきれない研究手法を指摘し，研究課題解
決の方向性について説明を行っている。

　次に本論では，動機づけ研究を発展させるための研究方法論としてダイナ
ミックシステム理論を提示して，「個々の学習者と周りの学習環境が相互作
用しながら，学習者の動機づけや学習行動が規定されていくプロセスをボト
ムアップ的，かつ縦断的に捉える」理論の優越性を主張している。そのうえ
で，ダイナミックシステム理論に基づいた新しい動機づけ研究の理論構成と
して，Thelen and Smith (1998) に基づき「基本的手続き①〜⑤」を提案
している。そして①〜⑤のステップにしたがってダイナミックシステム理論
を第二言語学習の動機づけ研究にあてはめ，各ステップを具体的に説明して
いる。

　「おわりに」では，動機づけの上昇・下降の現象を1つのシステムとして
捉える理論により，実態をモデル化して個々の学習者を動機づける理論の構
築につながる可能性を示唆している。

2.2　理論論文に書くべき内容

　理論論文では，現存の理論における欠点や矛盾点を指摘するところから論
を展開することになる。そのためには，対象となる理論を適切に解釈し，批
判的な検討を加えたうえで，自分の理論の優越性を述べる必要がある。特に，
読み手がフォローしやすい論理的な文章で書き進めることが重要である。書
くべき内容としては，自分の理論の原理解説，適用範囲や活用方法（限界を
含む），残された理論上の課題等が求められる。

2.3　理論論文を書く際に気をつけるべきポイント

　自説を強調するというスタンスではなく，これまでに積み重ねられてきた
研究成果に基づく理論を尊重し，その理論的な不足や弱さを補うという謙虚
な姿勢を保ちたいものである。自分の理論は内的整合性が担保されていて自

己矛盾がないか，外的基準に照らし合わせても妥当性が確保されているか，厳しくチェックすることが必要である。

3. 方法論論文

　APA 第 7 版によると，方法論論文は「研究や実践に対する新しい方法論，現存の研究方法の修正，量的・質的データの分析方法に関する議論を提供する」ものと定義されている。執筆者には以下の内容を記述することが求められている (p. 9)。

- ・提供された方法論の適用可能性を評価するための詳細な情報
- ・提供された方法論の利用可能性を判断するための詳細な情報
- ・提供された方法論と現在の方法論を比較検討するための情報

　外国語教育メディア学会（LET）関西支部には「研究の『正しい』所作を学ぶ」をテーマとして，研究手法全般に関する内容を取り上げて活動を行っているメソドロジー研究部会がある。この研究部会では年 2 回報告論集を発行している。この報告論集に掲載された方法論論文の具体例を見ていくことにする。

3.1　方法論論文の例

　例として取り上げるのは，浦野研氏による「第二言語学習者の暗示的文法知識の測定―構成概念妥当性の視点から」という論文（浦野，2013）である。この論文では，暗示的知識の測定法の 1 つである時間制限つき文法性判断課題の問題点を指摘したうえで，それを回避するための新しい測定法として自己ペース読み課題の可能性について考察が行われている。

　まず「はじめに」において，文法規則の明示的知識と暗示的知識について解説し，暗示的知識を測定する際に明示的知識の干渉を排除することの必要性について説明している。次に「伝統的手法」として自発的産出データと文法性判断課題について，それぞれ暗示的知識測定法としての問題点を指摘し，

図 3. 論文例（浦野，2013）の展開イメージ

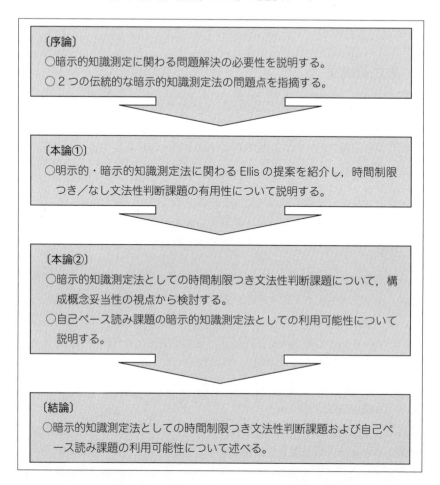

〔序論〕
○暗示的知識測定に関わる問題解決の必要性を説明する。
○2 つの伝統的な暗示的知識測定法の問題点を指摘する。

〔本論①〕
○明示的・暗示的知識測定法に関わる Ellis の提案を紹介し，時間制限つき／なし文法性判断課題の有用性について説明する。

〔本論②〕
○暗示的知識測定法としての時間制限つき文法性判断課題について，構成概念妥当性の視点から検討する。
○自己ペース読み課題の暗示的知識測定法としての利用可能性について説明する。

〔結論〕
○暗示的知識測定法としての時間制限つき文法性判断課題および自己ペース読み課題の利用可能性について述べる。

新たな測定法の必要性を提案している。

　本論では，暗示的知識測定法として模倣テスト，口頭物語テスト，時間制限つき文法性判断課題を，明示的知識測定法として時間制限のない文法性判断課題とメタ言語知識テストに分類する「Ellis による提案」を紹介し，時間制限つき／なし文法性判断テストに関して論考を行っている。さらに構成

概念妥当性を視点として，時間制限つき文法性判断テストについて検討している。

　結論としては，時間制限つき文法性判断テストは明示的知識の影響を受けている可能性があり再調査が必要であること，また自己ペース読み課題が暗示的知識測定に利用可能であることについて言及が行われている。

3.2　方法論論文に書くべき内容

　方法論論文も，理論論文と同様に，現存の研究方法等における欠点や矛盾点を指摘するところから論を展開することになる。そのためには，これまでの研究方法等にどのような不足や問題点があるのかを分析し，批判的な検討を加えたうえで，新たな方法理論の優越性を述べる必要がある。特に，方法論論文の場合には，論文を通して提供された方法論を他の研究者が活用するか否か適切な判断に導く必要がある。そのため内容としては，新しい方法論そのものの解説だけでなく，その研究方法の適用可能性や利用可能性を評価するために必要な情報についても記述する必要がある。

3.3　方法論論文を書く際に気をつけるべきポイント

　提供された方法論の適用可能性の評価や利用可能性の判断を行うために詳細な情報を論文そのものに含めると膨大な量になり過ぎるリスクがある。そこでAPA第7版では，「方法論の導き方，証明，模擬実験の詳細などの専門的データは補助資料として提供する」ことを推奨している。論文全体として読みやすい構成にすることが重要であると言える。

4

文献レビュー・理論研究／方法論研究

日頃の教育実践をどのように論文に結びつけるか？（2）
"One for all, All for one" の研究をめざして
—中学校の現場から

研究との出会い

　私は幼少の頃から理数系が大好きで，高校でも理系クラスに所属していた。得意の数学を活かし，大学でも経済や経営学を学んでいたが，2年時に，東アジアの国々から来た留学生の日本語指導のボランティア活動を始めたのが大きな転機となった。彼らは英語が苦手と言うものの，とても流暢に英語を話すのである。しかも，ことさら英語を勉強したのではなく，受験のために勉強した結果に過ぎないという。その時に，文法訳読式で英語を学んできた私に1度目のスイッチが入った。図書館で手に取った英語教育や英語科教育法の入門書をめくると，目から鱗が落ちる思いだった。英語教育について勉強するため大学院進学という道を選んだ。これが私と英語教育，そして研究との出会いである。この時の留学生たちとの交流がきっかけで，アジア諸国の教育制度を研究し，修士論文もシンガポールの言語政策を扱った。

実際に教壇に立ってみると

　大学院では「文法訳読式から脱却したい」との思いを胸に英語教育について学んだ。しかし，修了後，高校の教壇に立ってみると…思いとは裏腹に，多くの生徒の求めていたのは訳読式の授業。和訳のプリントさえ配布してくれればよいという生徒さえいた。日々の校務や生徒指導に翻弄され，次第に訳読の授業にどっぷり浸かってしまいかけ，研究とは縁遠い生活を送っていた教員6年目の年。全国英語教育学会の北海道大会が開催されることになり，実行委員として運営にも関わることになった。そこで自分が目にしたのは，大学の先生方だけではなく，多くの中学校や高校の先生方が日頃の実践や研究の成果を発表している姿だった。その姿を見ていると，いても立ってもいられなくなった。「教師の主たる業務は授業を行うこと」「良い授業を行うには研鑽を深める必要がある」。この当たり前を見失いかけていたときに2度目のスイッチが入った。アウトプット重視の発信型の英語教育をめざし，ライティング指導の実践に関する研究を個人で行うのと並行して，北海道英語教育学会で立ち上げたスピー

キング活動研究グループにも所属することにした。

研究から得られるもの

　2009年から，僻地の小規模中学校での勤務となった。英語教員は私一人。近隣の自治体も小規模校ばかり。経験の少ない初任の英語の先生も多く，英語の教員免許を持っていない先生が英語を教えている学校すらある。教科指導のことで相談したくても身近には英語教師がいない。しかも，若い先生方はかつての私同様，担任や部活動等の業務に追われ，十分な教材研究の時間を確保できていない様子だった。一方で，文部科学省からは「パフォーマンステストの実施」「アクティブラーニングの推奨」など，さまざまな取り組みが推奨されるようになった。『英語ノート』や *Hi, friends!* を活用した小学校外国語活動も本格化した。ここで私に3度目のスイッチが入った。

　この頃から，地域の学校の英語の先生方で組織する研究団体の役員を務めているが，「CAN-DOリストってどのように作ればいいの？」「小中連携ってどのように推進したらいいの？」というような相談を，これまで以上に周囲から受けるようになった。当初は，自分の学会発表のスライドなどを配布したが，それだけでは後日，補足の説明が必要となってしまった。また，学会発表を簡略化した内容で勉強会も開催したが，忙しい先生方にとって参加することもハードルが高かった。また，先行研究を示しても，地方にいると文献を入手することも困難だった。これらの様子を見て，研究の成果を積極的に論文にもまとめるようになった。学術的な研究と現場の先生が必要とする情報の懸け橋になるのが宿命だと感じるようになり，学会誌への投稿だけではなく，英語教育関係の雑誌や冊子の記事なども進んで執筆するようにした。これで現場の先生方も学ぶことができ，ひいては各学校の生徒に還元できることになると考えた。

　また，文部科学省より英語教育推進リーダーの認定を受けたり，英語教育強化地域拠点事業の研究主任を務めたりしたこともあり，他の学校現場の先生方と，最新の英語教育理論や教科指導法，また各社の教科書の特色などについて意見を交わす機会も多くなった。

　英語教育を専攻しようと思った大学時代。当初は自分自身の好奇心や興味を満たすための研究が主体だった。ただ今は，一人でも多くの先生方の役に立ち，そして児童生徒にも還元できる研究を行うことが生き甲斐になっている。

2

論文をどのように書くか

5

投稿準備から出版までのプロセス

1. 研究課題の立て方

　本章では，論文の投稿準備，ならびに論文の投稿から出版までの具体的な
プロセスについて紹介する。本題に入る前にここではまず，何らかの研究を
行い，その成果を論文としてまとめる際に最も重要になる，研究課題の立て
方について確認しておく。

1.1 「研究」の構成要素

　一般に「研究」といった場合，その構成要素は大きく３つに分けること
ができる (Nunan, 1992)。すなわち，①研究課題，あるいは仮説，②デー
タ，③データの分析と考察，である。一見すると，研究というのは課題を立
て，その課題を解決するためにデータを集め，集めたデータの分析と考察を
行うだけのシンプルな行為に思えるが，本当にそうだとすれば多くの人がど
うやって研究を進めたらよいか悩むこともないだろうし，そもそも本書のよ
うなガイドブックも必要ないだろう。

　研究を行う場合，その核となるのは研究課題である。分析や考察は集める
データに規定され，集めるデータは研究課題によって規定されることを考え
れば，研究課題の重要性は明らかである。私は指導する学生・院生によく
「適切な課題が立てられれば，研究は半分できたようなもの」と伝えている
が，本当にそうだと思っている。さらに言えば，例年，彼らは皆ここで一番
苦労するし，最終的な卒論，修論の出来映えはこの段階で半分ぐらい決まる
という印象を持っている。

1.2 研究課題を立てる際の3つのポイント

　では，研究課題はどのように立てたらよいのだろうか。ここでは課題を立てる際に気をつけたい3つのポイントを紹介する。1つ目は，「自分自身がその課題にときめき（ワクワク感，ドキドキ感）を抱くかどうか」である。研究にはどうしてもそれ相応の時間がかかる。院生などであれば，特定の課題と数年間にわたって向き合い続けなければならないこともある。一方で，私たちはどんなことに対しても時間が経つと次第に飽きてしまうのも事実だろう。したがって，研究課題の設定にあたっては，まずもって自分の興味・関心を大切にすべきである。

　それでは自分が興味・関心さえあれば，どんな課題でも構わないかと言えば，必ずしもそうではない。自分の趣味や勉強などと異なり，研究というものがいわゆる公的な性質を持っている以上，研究は当人だけでなく，社会の興味・関心も反映したものである必要がある。そこで重要になるのが2つ目のポイントである「情報的・実用的価値」である。情報的価値とはこれまでの研究では明らかにされていない，指摘されていない新たな視点，独創的な視点をどれだけ提示できているか，実用的価値とはそれが明らかになることでどれだけ社会に役立つか，貢献できるかということである。

　ちなみに，課題を立てたら先行研究を検討することになるが，この両者は密接に関連している。つまり，現状（先行研究）と理想（課題の答え）があるとすると，そのギャップを埋めるという発想のもとで研究課題は立てると良い。先行研究では〇〇まではわかっているが，△△についてはいまだ明らかになっていない。そこで今回の研究ではその点を補う，あるいは進展させるといった形で課題の設定ができれば，これまでの先行研究の中に自分の研究をうまく位置づけることができる。これはすなわち，これまでの研究の成果といった社会の興味・関心に，自分の興味・関心（研究課題）を結びつけることにほかならない。

　研究課題を立てる際に気をつけたい3つ目のポイントは，「その課題を実証的に検証することが可能かどうか」である。先述したように，研究とは立てた課題に対する答えを得るといった目標志向型の行為である。したがって，

良い課題は目標が達成できたかどうかを実際に観察したり，測定したりできる形で設定する必要がある。そのため，課題に含まれるキーワードは何か，その定義は明確か，あるいは測定可能かといった点は事前に十分検討しておかなければならない。

　私が毎年4月の授業で卒論・修論を書く予定の学生・院生に最初に課す課題は，自分が知りたい研究課題を1文（疑問文）でまとめてくることである。その翌週には，図1にあるようなワークシートを使って，グループでお互いの課題を吟味し合い，より適切な課題へとブラッシュアップさせていく。実際にやってみるとわかるが，この活動はなかなか難しい（ワークシートにある例を使って試してみてほしい）。自分が納得する研究課題が立てられず，課題の立て直しを5月（場合によっては6月）まで続ける学生・院生も珍しくない。冒頭で，適切な課題が立てられれば研究は半分できたような

図1. 研究課題の設定に関するワークシート例（戸田山，2012をもとに作成）

研究課題の設定ワークシート

〈課題を明確化・細分化する〉
例）「英語学習を始めるのは，早ければ早いほど良いのか？」

・本当に？（信憑性）	・どのように？（方法）
・どういう意味？（定義）	・なぜ？（因果）
・いつ（から／まで）？（時間）	・他はどうか？（比較）
・どこで？（場所）	・これだけか？（一般化）
・誰（が／の）？（主体）	・すべてそうなのか？（限定）
・いかにして？（経緯）	・どうすべきか？（当為）

〈自分の研究課題〉
(Before) <u>学習スタイルの幅を広げることは言語習得を促進させるのか？</u>
(After) ＿＿＿＿＿＿＿＿＿＿＿＿＿＿＿＿＿＿＿＿＿＿＿＿＿＿＿

ものと述べたが，その真意はこういった点にある。

　こうして立てた課題に基づき，課題の解決に適した方法でデータを収集し，得られたデータの分析と考察を行うのが研究である。本章では論文の投稿や出版までのプロセスに焦点を当てているため，それぞれについてこれ以上詳述することはしないが，適切な研究課題を立てることの大切さは十分に理解していただけたものと思う。なお，データの収集・分析・考察に関心がある読者は，例えば前田・山森（2004），竹内・水本（2014），浦野他（2016）などを参照するとよい。

2. 論文の投稿準備

　論文を一度でも書いたことがある読者なら，完成後，すぐに投稿したくなる気持ちはよくわかるはずだ。自分が苦労して書き上げた作品である。できるだけ早く，多くの人に見てもらいたい（読んでもらいたい）と思うのは当然のことだろう。しかし，逆説的なようだが，ここで一度立ち止まって投稿前の準備をしっかりと行うことが，結果的には論文が早く日の目を見ることにつながるのである。

2.1　投稿先の決定

　論文を投稿するためには，まずはその投稿先を決める必要がある。ここで重要になるのは，投稿を考えているジャーナル（＝これから戦う相手）を十分に研究するということである。特に初めて論文を投稿する読者，あるいは初めて投稿するジャーナルであれば，当該ジャーナルのバックナンバー（少なくとも過去5〜6年分）には目を通してほしい。投稿規定を読めば，当該ジャーナルがどのような論文を求めているのか理解できるだろうし，実際に掲載されている論文を読めば，どのような内容の論文が掲載される傾向にあるのかわかるだろう。例えば，いわゆる実証的なデータを伴った研究論文のみが掲載されているジャーナルであれば，文献レビュー研究や理論研究（第4章参照）を扱った研究論文は掲載されにくいかもしれない。

5

投稿準備から出版までのプロセス

　また，ジャーナルの多くにはその巻頭あるいは巻末に査読者（投稿論文を審査する研究者）の一覧が掲載されていることが多い。投稿された論文はその分野を専門とする研究者が審査を担当することが多いため，自分の論文の査読者になる可能性が高い研究者を事前にある程度予測することもできる。その研究者が過去に執筆した論文を読んでみることも，投稿先を考えるヒントになるだろう。このような分析を行えば，当該ジャーナルが論文の投稿先として適切かどうか自ずと明らかになってくる。

　投稿先を決める上でもう1つ注目したいのは，各ジャーナルの投稿締切である。国内の学会が発行する多くのジャーナルは，それぞれが投稿の締切日を設けている。例えば，『全国英語教育学会紀要』（*ARELE*）であれば，2019年度（本書執筆時点）は10月11日に投稿が締め切られ，審査結果は翌年1月末までに投稿者に通知され，発行は同3月末頃となっている（「執筆要領 *ARELE* 第31号」に基づく）。このようなスケジュールはどのジャーナルでも例年，ほぼ同様の時期に設定されているため，投稿を考えている読者は自分の研究の進捗状況と投稿を考えるジャーナルの締切日を見比べた上で，余裕を持って執筆計画を立てるとよい（なお，『全国語学教育学会紀要』（*JALT Journal*）のように締切がなく，1年のどの時期でも投稿できるジャーナルもある）。

　また，APA第7版（APA, 2020）では投稿先のジャーナルを決める際，複数の選択肢（最も優先する投稿先と別の投稿先）を用意しておくことを勧めている。その理由は，第一希望のジャーナルから「不採択」の通知を受けた際，また初めから投稿先を探す手間を減らすためである。規模が大きめの国内学会であれば，発行するジャーナルの論文掲載（採択）率はおおむね50％以下である（これが海外のトップジャーナルともなると10％前後のものもある）。投稿された論文の少なくとも半分が不採択になる可能性があることを考えれば，初めから投稿先の候補を複数準備しておくというのは妥当かもしれない。

2.2 投稿先に応じた原稿準備

　投稿先が決まったら，次はそこの投稿規定（論文を投稿する上での決まりごとをまとめたもの）を確認しながら原稿を準備する。ここでも気をつけるべきポイントを3点にまとめる。1つ目は，原稿の書式（フォントやサイズ，余白など）や長さ（ページ限度や字数制限）である。これらは各ジャーナルが個別に定めた「法律」のようなものである（詳細は本書リソース編（146 ページ）参照）。おおよそどのジャーナルも類似した規定を設けているが，これを守らなければ論文を審査してもらえないことも多い（つまり，戦う前から「負け」を宣告される）。投稿規定にはしっかりと目を通し，確実に順守するようにしたい。

　2つ目は，本文の内容や表現の確認である。論文を執筆する際，私たちはつい読者も自分と同じような背景知識や専門知識を持っていると勘違いしてしまう。例えば，"CEFR" "TBLT" "PPP" などの英語の頭字語は英語教育を専門とする読者であればよく見聞きするだろうが，そうでない読者にとっては日頃ほぼ耳にすることがない用語だろう。伝えたい内容が専門家以外にも誤解なく伝わるよう，わかりやすい内容や表現を心掛けることが重要である。

　また，論文自体を英語で執筆する場合は英語母語話者（あるいはそれに準ずる第三者）に，何らかの統計分析を用いた論文を執筆する場合は統計に詳しい第三者に，事前に英語表現や統計の分析結果などを確認してもらうとよい。関連して，漢字などの変換ミス（例：誤った／謝った，解説／開設），英単語のスペリングミス（例：than／then, whether／weather），図表番号の抜け落ち（例：表1，表3，表4）などといった単純なミスは，論文の投稿前に極力なくすようにしたい。これらは単に注意力の問題であろうし，査読者にマイナスの印象を与える（時には苛立たせる）ことはほぼ間違いないからである。

　原稿準備で気をつけるべき3つ目のポイントは，図表の内容や脚注などの表記である。論文を読みなれた研究者は，まずアブストラクトを読み，その後は論文中の図表に目を通すことが多い。したがって，図表を見ただけでその内容がわかるような工夫が必要となる。例えば，図表のタイトルは内容

5

投稿準備から出版までのプロセス

を適切に反映したものになっているか，図表で使われている略語（統計分析に関するものも含む）の定義は明確か，場合によっては簡潔な説明が必要かどうかを確認する。図表の表記を考えるにあたっては，当該論文の読者の助けになるだけでなく，その図表自体が別の論文で引用された際にその図表だけを見て内容がわかるかどうかを1つの基準としてもよいだろう。

3. 論文投稿から出版までのプロセス

　論文の投稿準備ができたら，いよいよ実際の投稿である。ここでは図2のフローチャートに沿って，論文の投稿から出版までの大まかな流れを確認する。

3.1　形式審査

　投稿された論文は，まず当該ジャーナルの編集委員会（以下，編集者）による形式審査を受ける（図2①；第8章参照）。ここでは，論文が投稿規定を適切に守っているか，ジャーナルの読者層に合致しているか，場合によっては論文として査読に回せる程度のレベルに達しているかどうかの判断を行う。投稿規定からのごく軽微な逸脱であれば，編集者の判断により修正のうえ再度提出を認められることはあり得るが，ページ数や字数制限などに超過がある場合はこの時点で不受理（すなわち不採択）となる。

3.2　論文査読

　受理された論文は，査読者による論文査読へと回る（図2②）。査読者の選定は，編集者が責任を持って行う。多くのジャーナルが査読者には彼らの専門分野，投稿者には査読審査の希望分野をそれぞれ第3希望程度まで事前に尋ねており，両者を最大限マッチングさせることを念頭に査読者（通常は2～3名）が選定される。

　編集者から依頼を受けた査読者は，決められた期限内（ジャーナルによって4週間から2か月程度）に当該論文の査読を行う（第6章参照）。実際の査

図2. 論文投稿から出版までのフローチャート（APA, 2020 をもとに作成）

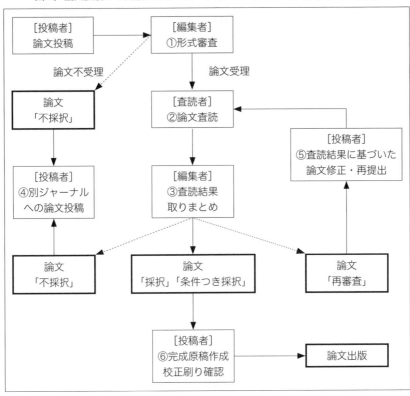

読にあたっては，どのジャーナルも事前に審査項目が設けられており，それに基づいて審査が行われる。例えば，先述した *ARELE* であれば，表1（82ページ）にある観点に基づいて「研究論文」の審査が行われる（「実践論文」については別途，評価観点が設けられている）。

　評価観点は，各ジャーナルともに類似した傾向がある。言い換えれば，どのようなジャーナルを選んだとしても，投稿論文は表1のような5つの評価観点を十分に満たしている必要がある。論文の執筆時から気をつけておきたい観点である。

　査読者は査読終了後にその結果を査読レポートにまとめ，編集者に提出す

表1．論文査読における評価観点の例（*ARELE*「研究論文」の場合）

1．独創性	関連する先行研究を踏まえて，新たな視点・解釈を提供し，研究に適切な意義づけを行っているか。
2．研究方法	研究方法が適切かつ妥当で，十分な論拠・証拠を開示しているか。
3．論理性・表現	論旨に一貫性があり，表現が適切か。
4．意義・貢献	研究成果が英語教育の学術研究・授業実践の発展に寄与するか。
5．全体評価	研究論文として全体的な完成度は高いか。

注．上記は「全国英語教育学会紀要執筆要領 *ARELE* 第31号」に基づく。

る。レポートの内容や形式はジャーナルによって多少異なるが，一般的には，論文の全体的な講評，論文の各要素に関する重要なコメント（major comments; これがクリアされなければ掲載は難しいと考えるもの），より些末なコメント（minor comments; 用語の使い方や誤字脱字など軽微なもの），総合的な判定（「採択」，「条件つき採択」，「再審査」，「不採択」など）から構成されることが多い。

3.3　査読結果の取りまとめ

　次に，編集者は複数の査読者から提出された査読レポートをもとに，査読結果を取りまとめる（図2③）。査読者間で判定が大きく異なる場合，ジャーナルによっては編集委員会として最終的な判断をくだす，あるいは第三者に査読を追加的に依頼するといった処置が取られることもある。

3.4　別ジャーナルへの論文投稿

　査読の結果，運悪く「不採択」となった場合，投稿者は別ジャーナルへの論文投稿を考えることになる（図2④）。すぐに再投稿したくなる気持ちはよくわかるが，ここでも一呼吸おく必要がある。国内の英語教育の世界は

（読者が想像する以上に？）狭い分野のため，異なるジャーナルに再投稿したとしても，同じ査読者に当たる可能性も十分にある。実際，私があるジャーナルで査読をし，結果的に不採択になってしまった論文が，別ジャーナルからほぼそのままの形で査読を依頼されたことが（本当に）ある。投稿する側はこういった事情もあることを理解しておくとよいだろう（ちなみに上記の一件以降，私は一方の査読委員は辞退することにした）。

3.5 論文修正・再提出

「再審査」となれば，投稿者はコメントに沿って論文を修正・再提出し，再度審査を受けることになる（図2⑤）。再提出にあたっては，査読者のコメントに対する回答と修正対応表（修正前後の内容・箇所を一覧表の形でまとめたもの）を作成し，修正論文とともに提出するのが一般的である。査読者からのコメントには1つ1つ真摯に答えるのは当然のことだが，なかには納得のいかないコメントや指示などもあるかもしれない。そのような場合は，その理由や根拠を丁寧に説明するとよい（第7章参照）。

論文の再審査は一度のこともあれば，複数回にわたって行われることもある。このプロセスには国内のジャーナルでも数か月から1年前後，海外のジャーナルであれば数年を要することもある（本書コラム⑥，⑩参照）。そのため，投稿締切から発行までの期間をあらかじめ固定している国内のジャーナルでは，複数回の再審査を行うだけの時間的余裕がなく，結果的に再審査を行わない（行えない）ところも多い。この場合，論文の査読結果は「（条件つき）採択」か「不採択」で通知される。投稿予定のジャーナルが再審査の制度を取り入れているかどうかは，当該ジャーナルの編集委員会に確認すると教えてくれるはずである。

3.6 完成原稿作成・校正刷り確認

上記を経て，論文が「採択」となった場合，投稿者は完成原稿を作成し，編集者に提出する（図2⑥）。その後，しばらくすると掲載予定の原稿（校正刷り）が編集者，あるいは出版社から送付されるので，その内容をしっか

り確認する。なお，この段階での大幅な修正（例：テキストを書き直す，新た
な分析や解釈をつけ加える）は認められていない。ここではあくまで見出しの
番号が飛んでいないか，図表の脚注が漏れていないか，上付き文字やイタリ
ックの表記が適切に反映されているかなどの確認にとどめる。この時点で大
幅な修正が加えられた原稿に対しては，編集者による新たな審査が必要にな
る場合もあるため注意すべきである。

*

　以上のような長い（時には気の遠くなるような）プロセスを経て，一編の論
文は出版される。研究が論文という形になり出版されること自体は大きな成
果だが，研究の最終的なゴールは出版ではない。本章の冒頭で，研究課題は
自分だけでなく，社会の興味・関心も反映したものであるべきだと述べた。
つまり，研究の本当の意味というのは，広く社会に対してどれだけインパク
トを与えられるか，もっと言えば，より良い社会の構築に向けてどれだけ貢
献できるかという点にある。その意味で，論文の出版とはゴールではなく，
まさにスタート（APA, 2020）だと言える。

近年のジャーナル掲載論文から見える傾向

英語教育研究の過去と現在

　英語教育の分野では今，どのようなトピックが注目を集めているのだろうか。これまでの研究の動向を把握しつつ，現状とそこから考えられる今後を展望してみたい。

　まず国内の英語教育系学会が発行するジャーナルに目を向けると，これまでに当該誌上で発表された論文を体系的に整理し，研究テーマや研究方法の観点からその動向をまとめたものが少なからず報告されている。例えば，Mizumoto et al. (2014) は『全国英語教育学会紀要』(*ARELE*) 24 年分（1990-2013）計 450 編，寺沢（2010）は『大学英語教育学会紀要』(*JACET Journal*；旧 *JACET Bulletin*) 35 年分（1970-2004）計 316 編，Stapleton and Collett (2010) は『全国語学教育学会紀要』(*JALT Journal*) 30 年分（1979-2008）計 297 編をそれぞれ分析対象として，掲載論文の特徴やその経時的変化を調査している。

　ここから共通して浮かび上がる特徴の 1 つは，研究の焦点が「指導」(teaching) から「学習」(learning) へと移り変わってきている点である。上掲 3 誌においても，教授法そのものに焦点を当てた論文は一定の割合を占め続けているものの，軒並み減少傾向にある。この背景には，教授法に対する関心が文法訳読法やオーディオ・リンガル・メソッドといった「教え中心」から，コミュニカティブ・ランゲージ・ティーチングのように「学び中心」へとパラダイム・シフトしてきたことが挙げられる（小嶋ほか，2010）。

　この流れのなかで，学習者に焦点を当てた研究が増加していく。例えば，言語学習に対するビリーフ (Beliefs About Language Learning Inventory；Horwitz, 1988)，動機づけ (Attitude Motivation Test Battery；Gardner, 1985)，学習方略 (Strategy Inventory for Language Learning；Oxford, 1990) などに関する質問紙尺度が相次いで開発され，それらを用いた研究が数多く報告されるようになった。このことは上掲 3 誌の調査結果にも現れている。*JACET Journal* では学習者の内的メカニズム（言語能力，言語使用，心理的要因）に焦点を当てた研究が増え（寺沢，2010），*JALT Journal* ではビリーフ（前半 15 年 [1979-1993]

1編，後半 15 年 [1994-2008] 14 編），動機づけ／情意要因（前半 15 年 3 編，後半 15 年 18 編）に関する論文が顕著に増えている（Stapleton & Collett, 2010）。研究（論文）においても，実践（教室）においても，関心は学習者に向かい始めたと言える。

学習者要因としての動機づけ

　学習者に関する要因のなかでも多くの関心を集めている動機づけに注目してみよう。上掲 3 誌において動機づけに関する論文は増加傾向にあるが，この傾向は国内のジャーナルに限ったことではない。Boo et al. (2015) は過去 10 年間（2005-2014）に海外のジャーナルで発表された動機づけ論文（計 416 編）をレビューしたものだが，とくに興味深いのは動機づけに関する論文数が増えていることだけでなく，その中心的役割を日本が担っている点を指摘していることである。具体的には全体の論文のうち，国別では日本が最も多い 38 編（11％），次いでアメリカ 30 編（9％）となっている。この分野における日本人研究者の活躍は目を見張るものがある。

　さらに，動機づけに関する論文で用いられる研究方法とその変遷を理解しておくことは，今後を展望するヒントになると思われる。Boo et al. (2015) によれば，データを伴う実証研究（335 編）のうち，量的手法によるもの 178 編（53％），質的手法によるもの 71 編（21％），混合研究法によるもの 73 編（22％）であり，また後者 2 つの割合は最初の 2 年 [2005-2006]（各 2 編，4 編）から最後の 2 年 [2013-2014]（各 21 編，23 編）にかけて飛躍的に増加している。このような傾向は上掲 3 誌における日本の英語教育研究全体にもある程度見られるが，一方でその変化は緩やかである（近年でもいまだに 7〜8 割以上の論文が量的手法に基づく）。

　では，動機づけ研究において，なぜ量的から質的／混合研究といった研究方法上の変化が生じているのか。それは従来，原因―結果といった直線的な因果関係（例えば，動機づけが高ければ，学習成果も高い）の解明を得意としてきた量的手法では，ダイナミック（非直線的）に変化する動機づけの様相を十分に捉えることができなかったからである。しかしよく考えてみれば，このような動機づけの特性はまさに言語習得のプロセスそのものだろう。つまり，これからの英語教育研究は上記のような（ある意味予測不可能な）複雑さとどう向き合っていくかが大きなポイントになるはずである。

6

どのように論文は審査されるのか？
―査読者の立場から

1. 論文査読のプロセス

第5章で述べたように，論文が受理された後には編集者から査読者へ査読依頼が入る。第一次審査では，査読者はジャーナル規定の審査項目に基づいて検討し，査読レポートを記述し，編集者へ送付する。論文が「再審査」となって修正された場合には，第二次審査として修正対応表と修正された論文を読む。ジャーナルによっては，第三次審査，第四次審査と続くこともある（本章では第二次審査以降の審査はまとめて「第二次審査」と呼ぶ）。査読論文は誰が執筆者かわからないように匿名化したうえで審査されることが多い。

本章では，第一次・第二次審査で査読者が意識しているポイントと，投稿者が修正コメントに対応する際のポイントをまとめる。これらの点を配慮することで，投稿者としてよりスムーズに論文採択につなげることができる。

2. 第一次論文審査のポイント

第一次審査で査読者は，ジャーナル規定の審査項目や論文タイトル，要旨を確認した後，全体的に内容を把握する。その後，一字一句詳細に読み，必要があれば文献を参照しながら気づいた点をメモする。再度読み返しながら査読レポートをまとめていき，最後に，査読レポートの記述がわかりやすいか，論理が明確か，一貫しているかを確認する。第1章で述べた，「論理性」，「一貫性」という論文に必要な要素は，査読レポートの執筆でも共通している。査読者は一般に以下の問いを意識して読む。

□この論文は，投稿されたジャーナルの審査項目に十分沿っているか。

□この論文の意義や強み，弱点が的確に書かれているか。

　▶これが書かれているときには褒め，書かれていないときには，論文中で明確に述べるように提案する。

□結論や解釈がわかりやすく，説得力があるか。

　▶書き方に改善が求められるときには，表現を修正し，根拠となる文献を挙げるよう求めたり，査読者側から表現や文献を提案したりする。

□要旨と本文の内容が一致しているか。

　▶英語の要旨と日本語の本文の場合に不一致が起きやすくなるので，特に注意して読む。

□引用文献リストは重要なものをカバーしているか。過去5〜10年以内に出版された新しい文献があるときにはそれを含めているか。

□この研究をどのように修正すればさらに良い論文になる可能性があるか。どんな点が改善されれば今後研究としてさらに発展するか。

　▶不採択の判断の場合には，次につなげてほしいという願いから，特にこのコメントをすることが多い。

3. 第二次論文審査のポイント

　第二次審査で査読者は，第一次審査で指摘した点への対応を確認し，全体的に読み直す。この段階では査読者は以下の問いを意識している。

□第一次審査で指摘した点について，すべて適切に回答しているか。

□査読コメントに基づいて修正する場合には，修正箇所と修正内容が修正対応表に明示されているか。そのうえで，本文を実際に修正しているか。

□修正しない場合には，その理由がわかる形で修正対応表に書かれているか。その理由を本文に反映させる必要はないか。

　▶理由の本文への記述が必要な場合，追加で書くことを提案する。

□投稿があったジャーナルの審査項目に十分沿っているか。特に，修正原稿

を新たな目で見たときに，全体的に論が通っているか。

　第二次審査では，第一次審査で指摘した点以外の大きな修正要求を新たにしないのが原則である。しかし，修正したことで第一次審査で見えていなかった弱点が浮かび上がってくることもあり，その点で再度大きな修正を要求することもある（APA, 2020, p. 380）。

4. 査読コメントとその対応例

　本節では，修正対応表の例を挙げながら査読への適切な対応方法を述べる。適宜調整はしているが，実例である。

4.1　ケース1：修正箇所はわかりやすく詳細に提示する

　修正対応表に修正済と書かれていても実際論文で修正がされていない場合があり，査読者としては確認を行う。コメントに基づく修正の中で，表1での×のような回答は避けるべきである。修正で前回の原稿とはページ番号が変わり，現論文のどこをどのように修正したかが書いていないため，査読者としては，修正部分を探すのに時間がかかるからである。

　△は不十分な回答である。p. 7 の中で該当部分をページ検索や目視で探す

表1. さまざまな回答パターン（×，△，○の3パターンで提示）

第一次審査での修正コメント	コメントに対する回答
p. 6，15行目： 研究目的の後に，研究課題か仮説を書いてください。	×　ご指摘通り，修正しました。 △　ご指摘通り，修正しました。p. 7 をご覧ください。 ○　ご指摘通り，修正しました。 　　修正後：p. 7 の 11 行目～「仮説 1：○○群は△△群よりも…」（回答には全部記述。本章では以下略）

6

のは容易でないときがあるためだ。修正を全体的に行ううちに書いたページ番号や行がずれて，探すのに時間がかかる。

　○は詳細で適切な回答で，査読者は対応をすぐに理解でき，該当の修正箇所の確認も容易にできる。

　このように，投稿者は査読者が修正対応表のみで修正を理解できるように提示すべきである。第一次審査と第二次審査の間には数か月以上空くこともある。査読依頼時に対応できる査読者はひと握りであり，そのような査読者は複数のジャーナルで論文を査読していることもよくあり，論文内容や査読コメントを覚えていないことも多い。その状況の中で，第二次審査時に査読者は論文や査読コメントの内容を限られた時間の中で思い出し，査読審査を行う必要がある。詳細な修正対応表は，査読者の理解を容易にし，さらに編集者にとっても役立つものである。編集者は，査読結果の取りまとめで修正対応表を判断材料にすることが多いためである。

　なお修正対応表を書く際に，受けた査読コメントを要約したり，頭の書き出しだけを書いて後は省略したりすることがあるが，それは避けた方がよい。修正対応表と最新の原稿だけでは完結せず，前回の査読コメントファイルを探して参照する必要が出てくるためである。簡潔にまとめたい気持ちもわかるが，査読者が再査読をしやすいように修正対応表を作成してほしい。

4.2　ケース2：査読コメントへの回答は論文に反映させる

　ここでは，第一次審査コメントに基づく回答と修正が不十分で，第二次審査コメントで引き続き指摘した例として，学習者のスピーキングの特徴を分析した研究の査読例を使って説明する。この研究では発話を書き起こして，ユニットに区切り，各ユニットにどのような発話機能（例：「意見を述べる」「同意する」）がどの程度あるかを分析していた。

　表2-1の修正対応表では，回答に対する修正がどのようになっているか不明で，本文を確認したが修正はされていなかった。そのため，第二次審査時の修正コメントで表2-2のように述べ，その後著者による適切な修正と回答があった。

表 2-1. 第一次審査コメントへの回答例（△）

第一次審査での修正コメント	コメントに対する回答
p. 3, 11 行目： 1 ユニットは常に 1 つの発話機能に分類されましたか。複数の発話機能に分類されることもありましたか。私の経験では，複数の発話機能に分類される発話は多くあり，記述が必要です。	はい，分類が難しいユニットもあり，そこは判定者間でもずれが見られました。ほとんどが機能 1 つに分類されました。

表 2-2. 第二次審査コメントへの回答例（○）

第二次審査での修正コメント	コメントに対する回答
コメントに対する回答の p. 2, 5 行目：この回答内容は本文かノートに入れるべきです。査読者が質問するのは，単に興味があるからだけでなく，その内容を論文に加えてほしいためです。そうしないと，読者がこの研究を再現しようとしても，詳細がわからずにできなかったり，解釈が適切にできなかったりすることになります。	詳細を追加せずにすみませんでした。説明に該当するのは 1% 未満だったため説明に入れませんでした。しかし，再現可能性のためには必要な情報で，それをしないことは学術的にずさんな対処だと理解しました。 修正後：p. 3 の 11 行目から「ほとんどのユニットは 1 つの発話機能に分類されたが，一部（1% 未満）は 2 つの発話機能に分類された。」

4.3　ケース 3：査読コメントに基づき修正や説明を適切に行う

　第一次審査コメントに基づく回答と修正の有無がすばらしかった例として，(1) コメントに基づき指摘された部分を修正する際，その関連から論文全体を再検討して改良した例と，(2) コメントに対して十分な根拠を挙げ，修正が必要ないことを伝えた例を，**表 3** に挙げる。この研究では，学習者の自己評価の信頼性・妥当性を調べていた。

表3. 第一次審査コメントへの回答例（◎）

第一次審査での修正コメント	コメントに対する回答
(1) p. 10, 3 行目： 研究課題「自己評価は第二言語上級者にとって信頼性と妥当性があるか」について，執筆者は本研究で用いる信頼性・妥当性の定義を明確にする必要があります。その定義によって分析観点や手法が異なってくるためです。以下の文献を参考にしてください。（以下略）	ご指摘に基づき，○○（2006）の妥当性の枠組みを使い，信頼性を含めた意味での妥当性を統一的に扱うことにしました。研究課題をその枠組みに沿って書き換え，自己評価の内容的側面に焦点を置くことにしました。これによって，妥当性検証のプロセスがより明快になったと考えています。（以下略）
(2) p. 5, 第 3 段落： 分析で残差分析を使っていますが，研究目的から考えると偏相関（partial correlation）の方が適切ではないでしょうか。具体的には，…（以下略）	ご指摘の偏相関で分析し，結果は以下となりました（表と解釈略）。偏相関は現在のデータを分析する別の方法だと理解はしていますが，本文には加えませんでした。本研究目的の焦点を調べるには，すでに記述している残差分析の方が適しており，これで十分と考えるためです。（さらなる理由の説明が続くが以下略）

　（1）は用語の定義を求めただけの修正コメントだったが，関連した妥当性の枠組みの中に研究を位置づけ直し，論文を大幅に書き換えていた。言われた修正部分を検討するのは当然だが，そこから派生した関連部分も全部再検討して改良している場合には，コメントをよく受け止めてくれていると感じる。（2）では，査読コメントに理解を示して，提案された分析の結果を示しつつ，それを使わない理由を明確に述べていた。このように，査読コメントに基づく修正や説明が適切にされている場合には好印象を持つ。

　逆に，修正から見える執筆者の態度が真摯でない場合には，論文の印象が悪くなることもある。①修正対応表がついていない（ジャーナルの編集者か

ら依頼がなくてもつける方が一般的である），②ついていても，査読コメントの一部にしか回答していない，③修正したと書いてあっても，実際は修正していない，④修正していても，どこをどのように修正したかを明示していない（ケース1の×と△），⑤ページ番号や内容が最新原稿と一致していない，というようなことがあると，査読者は投稿者の不誠実さを感じてしまう。そのようなことがないように，投稿者は修正原稿だけでなく修正対応表も提出前に丁寧に見直してほしいと思う。

4.4　ケース4：査読コメントを丁寧に検討して修正を加える

　第一次審査の時点で採択に近いレベルだったが，2回の査読コメントに基づいて論文全体を修正し，かなりの変貌を遂げた論文の例を，表4-1に紹介したい。この研究では，第二言語学習者のスピーキングの構造を調べていた。

　この量的研究論文は，意義ある研究テーマを扱い，貴重なデータの分析を行っていたが，第一次査読論文では，本書第1〜2章でポイントとして挙げた点（各問いに対する回答）の記述不足が目立っていた。査読では，先行研究と本研究のつながりの詳述（(1)と(2)で言及）や，先行研究の批判的な検討（(3)で言及），分析方法の再検討と追記（(4)と(5)で言及），解釈の追加（(6)で言及）を提案した。

　この修正コメントを，投稿者は丁寧に検討し，大幅な修正を加えた。その修正から，査読での指摘を誠実に捉え，可能な限りの修正を施したことがよく伝わった。その結果，論文も格段に論旨が明確で読みやすくなり，さらに意義深い研究論文になったと判断した。ただ若干修正を加えた方がよい点が残っており，第二次審査ではその点について表4-2のようにコメントした。それに対する回答と修正も適切になされた。

6

どのように論文は審査されるのか？

93

表4-1．第一次審査コメントへの回答例（◎）

第一次審査での修正コメント	コメントに対する回答
(1) p.1，5行目： 複雑さを語彙と文法の観点で分けることの重要性を先行研究に基づいて述べていますが，本研究では複雑さを1つとして捉えています。それはなぜか説明してください。	ご指摘ありがとうございます。確かに説明が不十分でした。先行研究の扱いを大きく修正し，説明を加えました。 （具体的な修正の説明は略）
(2) p.2，24行目： 「知る限り，△△の観点からの研究は○○（2005）以外には見られない」とありますが，この研究に関する記述が不十分です。この研究はどのような内容で，何が限界点ですか。その点を本研究ではどのように改善しますか。本研究との共通点・相違点もまとめ，本研究の意義・独自性が明確になるように修正してください。また，この研究に関連づけて本研究課題を設定し，考察で2つの研究結果を比較し，解釈してほしいと思います。	先行研究の位置づけと本研究との関連の説明を加え，大きく修正しました。それに伴い，先行研究のまとめ方と考察を変更し，研究課題に直接つながる形でまとめ直しました。 （大きな修正部分のみ提示） 修正後：p.2の25行目〜「調べた限りでは，○○（2005）は△△を扱った唯一の研究である。（○○の説明略）しかし○○では検討した指標が少なく，構造検証には限界があった。本研究ではその点を改善し，〜した。… ○○と本研究の結果の違いは，…」（理由の解釈は以下略）
(3) p.3，第2段落： 先行研究の手法の批判をされており，とても良いと思います。○○分析には前提条件があり，その確認がされているかについてもまとめることで先行研究の限界点が見えてくると思います。さらに，本研究においても同様に，その前提が満たされていたかについて触れてください。	ご指摘ありがとうございます。○○分析の前提条件について，先行研究と本研究での扱いについて記述を加えました。 修正後：p.4の13行目〜「先行研究では○○分析の前提に関する記述がなく，確認していない可能性がある。…本研究では○○分析の前提を△△に基づき確認した。」（以下略）

(4) p. 7, 第2段落: Aの方法で○○分析を行っていますが,Aよりは,Bを使った方が,△△という点で理論的に良いという意見に対してどのように思いますか。	ご指摘のとおり,理論等を考慮するとBの方法での結果を出す方が良いと判断しましたので,その結果を今回書きました。 (どう修正したかの記述は略)
(5) p. 12, 第2段落: 「語数の数え方については,…(略)」とありますが,この記述が難しく,例がないとわかりにくいと思います。実際の発話例を出して説明を入れると読みやすくなります。	たしかにわかりにくい記述になっていましたので,修正し,例を追記しました。 修正後:p. 13の4段落目〜「語数の数え方については,○○(2000)を参考にして〜のように行った。」(以下略)
(6) p. 16, 4行目: 先行研究と異なる構造が見られた点について,元々○○の測定に使用した指標の数が少ないため,△△分析では,○○の構造は現れにくいデータになっていると考えられます。この解釈についてはどう思いますか。	ご指摘の解釈も可能で,本文に加えました。 (どう修正したかの記述は略)

表 4-2. 第二次審査コメントへの回答例(◎)

第二次審査での修正コメント	コメントに対する回答
・p. 18, 表5: 採択した因子について,それぞれの信頼性(内的一貫性)を出すのが一般的です。記述してください。	信頼性分析をした結果,第3因子が非常に低い信頼性しかなく,結果の書き方を大幅に変え,第2因子までを採択することにしました。結果の変更に伴い,以下の点も修正しました。 (修正記述は略)

6

どのように論文は審査されるのか?

5. 査読者としての思い・願い

5.1　査読者は支援者

　論文投稿者にとっては，査読者は乗り越えなくてはならない高い壁のような存在かもしれない。しかし，査読者は論文の最初の熱心な読者であり，論文採択や良い論文執筆に向けた支援者でもある。査読者もジャーナルに投稿した経験から，執筆者の自分の研究に対する思いや，採択への強い願い，論文が不採択になったときの悲しみもよくわかる。その中で，査読者によってスタンスは異なるだろうが，私は査読者として以下を注意しながら行っている。

・自分が受け取ったときに，前向きな気持ちになれるような書き方をする。
・投稿者がどう直せばよいかがわかるように書く。例えば，「英語の誤りが多くある」，「論理的につながっていない所がある」というコメントだけでなく，2〜3個例を挙げて，「同様の点を，全体を通して見直してほしい」と書く。なお，英語の誤りに関連して，英文校正は，同分野で専門的知識を備えた英語母語話者に受けた方がよい。英文校正にかかる時間や労力を考慮すると，専門業者に依頼した方がよい場合も多い。
・論旨や方法など自分の考えと異なる場合にも，自分の考えを押しつけないように書く。論文の中で論理性や一貫性があるかが重要で，そこが満たされていれば，「別の考え方もあるがどう思うか」と書くに留める。
・さまざまな背景の投稿者がおり，論文執筆や研究方法について十分に学ぶ機会がなかった投稿者もいることを考慮する（願わくは本書がそのような方に役立ちますように）。前提知識があまりなくても理解できるコメントを書き，わかりにくい可能性があるときには例や参考文献を入れるようにする。
・執筆者が気づいていない視点が提示できるように頭をひねる。そのために，自分も勉強を怠らないで，いろいろな文献を読むようにする。

　査読者は，短くても1日，長いときは数日間，1本の論文の査読に時間を

費やす。それは，良い論文が世に出て，良い研究が英語教育分野の研究・実践の発展につながることを祈ってのことである。専門家として論文を読み，査読コメントで論文の質を高めるのを陰ながら支える伴走者的な存在になれるように願いつつ，公正な形で審査しようとしている（第9章も参照）。投稿者にとっては，コメントだけ見ると論文採択の邪魔や意地悪をされているように感じることもあるかもしれないが，もちろんそのような意図は査読者にはない。

5.2　投稿者はあきらめずに修正を

　投稿者には，査読コメントに真剣に向き合い，論文を改善してほしい。そのプロセスは，投稿前の執筆時と同じくらい苦しいかもしれないが，採択に近づき，論文や研究の質を高めるために必要なステップである。論文の執筆や見直しの際は，普通に前から黙読するだけでなく，論文の最後から逆向きに黙読したり，声に出して読みあげたりすると語句の誤りや文章内の違和感に気づきやすい。連続して修正していると改善点に気づきにくくなるため，時間を空けて数回行うとよい（APA, 2020, pp. 126-127 も参照）。

　査読結果が不採択だったとしても，査読コメントを十分活かして修正し，他のジャーナルに投稿してほしい。しかし，修正なしに他のジャーナルに投稿するのは避けるべきである。狭い分野なので同じ査読者に割り当てられることはよくあり，その場合にはすぐに不採択の判断になりやすい。不採択になると修正した原稿を再投稿できないジャーナルもある。

　不採択になった論文を修正してまで再投稿するのはあきらめようという気持ちになることもあるだろうが，あるジャーナルで不採択となり，その後修正して別ジャーナルに投稿したところ，高い評価を受けて採択され，優秀論文賞を取ったケースを数件知っている。「世の中に，失敗というものはない。チャレンジしているうちは失敗はない，諦めた時が失敗だ」（稲盛和夫）という名言は，論文投稿・修正にも当てはまるのである。

エキスパートからのアドバイス（2）
国際学術誌へチャレンジ！

　著者（鈴木）は 2017 年から 2019 年まで査読つき国際学術誌だけで 15 本の論文を出版した。そして，2017 年，2018 年と 2 年連続で，第二言語習得研究における国際学術論文賞を受賞した。一見すると，その多くの論文がスムーズに採択されているような印象を受ける方々も多いだろう。しかし，舞台裏には，数多く挫折・失敗エピソードがある。本コラムでは，国際学術誌の論文採択までのそんな「紆余曲折」を赤裸々に告白したい。これから国際誌を目指す方々への応援メッセージになれば幸いである。

大学院生時代，初めての国際学術誌への挑戦—Rocky road to publication
　私がアメリカのメリーランド大学・博士課程（第二言語習得プログラム）に在籍していた 2012 年 3 月（当時 D1），分散学習による文法習得に関する実験計画を立て，その成果が国際学術誌に掲載が決まったのは 2015 年 10 月。なんと 3 年半！　最初に原稿ができてから数えても，5 つの国際学術誌へ投稿し，Suzuki, Y., & DeKeyser, R. M. (2017). Effects of distributed practice on the proceduralization of morphology. *Language Teaching Research*, *21*, 166-188. として最終的に刊行されるまで約 2 年間かかった。そこに到るまでの 4 度の Rejection（論文不採択）通知を受け，奈落の底のような深い？　学びの過程をここに記す。

　2013 年 9 月　*Studies in Second Language Acquisition* に投稿して，In-House Review（査読者に送られる前）で Reject。

　2013 年 11 月　*Language Learning* で Reject（査読者 3 名からのコメント総語数 7,708 words!）。　※コメントを何度も読み直し，大幅に論文を修正。

　2014 年 5 月　*Applied Linguistics* に投稿し，再度 Reject（査読者 3 名）。

　2014 年 9 月　*Modern Language Journal* へ投稿。1 ラウンド目の査読（3 名）は Major Revision の評価だったが，再度修正し提出。しかし，2 ラウンド目の査読で Reject。

　2015 年 6 月　*Language Teaching Research* へ投稿（査読者 2 名）。Major Revision の結果通知をもらうが，3 ラウンドの審査を経て 10 月に Accept！

　4つの国際誌からReject されても（延べ11名の査読者），諦めなかったのは，自分の研究への強い思い入れがあったからだ。共著者の指導教官からも，「ある有名な心理学者は，自分が本当に面白いと思った研究論文ほど何度もReject された」とのことば（本当にそうだと思う）ももらい，励まされた。この1本の論文を世に出すまでの長いプロセスは，その後の研究者人生の糧ともなった。

　さて，この論文出版後はラクラクと論文を国際学術誌に載せることができるようになったか？──いまだに私が2013年に行った別の研究に関する論文の原稿は，2020年，まだ私のPCの奥底に眠っている（現在6つ目のジャーナルへ挑戦中）。国際学術誌に載せる近道はない。ただ，ジャーナルエディター・査読者の助けを借りながら，自分の研究と真摯に向き合い，最高の形に論文を地道にまとめ上げることに尽きると思う。

なぜ国際学術誌をめざすか—Commitment to your research

　国際学術誌に採択された論文は，世界中の多くの研究者の目に留まりやすい。インパクトが大きい。もしかしたら，国際学会に参加したときに，自分の論文を読んだ人から声をかけてもらえるかもしれない。他国の研究者にも自身の研究が認知され，その研究分野の一員としてのアイデンティティが生まれる。さらに，有名な国際学術誌に出して，査読者へ論文が回れば，一流の査読者からのコメントがもらえる点も大きなメリットだ。「著者を育てるための査読」だから，論文は著者と査読者の共同作業と呼ばれることもある。また，国内誌にない利点として，学会員などの資格・投稿料が不要で，誰でもいつでも出せる国際学術誌が多い。さらに，日本の特有の英語教育実践を越えて，他の地域にも通じる研究テーマであれば，国内誌よりも国際学術誌から高い評価が得られることも少なくない。チャレンジする価値は十分にあると思う。

　最後に，国際学術誌へ出版するには何が必要か？　自分の研究へのコミットメントだと思う。査読の（長い）プロセスには，新しい発見・学びが常にある。研究者は，学びに貪欲だ。でも，研究者も人間だから，辛辣なコメントや解せない評価を査読者からもらい落ち込むこともある。そんなときには，指導教官や同僚など同じ志を持った研究者コミュニティ（例えば，J-SLARF: https://www.facebook.com/JSLARF/）のMoral Support が大事になる。国際学術誌は，最後の最後まで，自分の研究と向き合い，最善の表現方法を追求することを可能にしてくれる。そんな国際学術誌への見方もできるかと思う。

7

どのように論文は投稿・掲載されるのか？—投稿者の立場から

1. 論文投稿と査読者からのフィードバック

　実証研究や文献レビュー・理論・方法論研究（第2〜4章参照）に関する論文執筆後には，論文投稿というステップが待つ。投稿から掲載に至るプロセスの中で，投稿者が注意を払うべきことはいろいろある。例えば，第8章で述べるように，投稿前には，「形式面に関する投稿規定を守る」「投稿受付の期限を厳守する」「投稿におけるマナーを守る」といった注意事項がある。さらに，掲載前にも，「完成原稿の作成時には不適切な変更修正を避ける」という点に注意すべきである。

　こうした投稿前や掲載前の注意事項を意識することは大切であるが，投稿者は，自身が投稿した原稿に対する査読者からのフィードバックに関心があると言えよう。序章でも述べたが，論文投稿には「査読者から客観的かつ詳細なフィードバックを得ることができる」というメリットがある。このメリットを意識し，積極的に投稿する人がいる。一方，「査読者からのフィードバックは一体どのようなものであるかわからないため不安である」，あるいは，「査読者によるフィードバックにどのように対応すればよいのかわからず心配である」という思いで投稿する人もいるだろう。そこで本章では，査読者からのフィードバックに焦点を当て，投稿後から掲載前までのプロセスについて述べていく。具体的には，私自身が手元に残しているこれまで投稿時に査読者から得たフィードバックを紐解きながら，査読者のコメントはどのようなものであり，コメントに対してどう対応すればよいのか，投稿者としての私の経験をベースにポイントを述べていく。

　投稿論文（初稿）のほとんどが，ジャーナル編集事務局を通じて「条件つき採択」「再審査」，あるいは「不採択」と評価され，査読者のコメントと共に手元に戻ってくる（第 5 章図 2（81 ページ）参照）。コメントの多くは，「論文の良い部分」「修正することで良くなる部分」「より良くするために改良の余地がある部分」「致命的な部分」について，丁寧に説明している。ここからは，「コメントに対して修正しない場合」と「コメントに基づいて修正する場合」に分け，どのようなコメントに対してどう対処すればよいのか，という点からそれぞれのケースを詳しく見ていく。

2. 査読者のコメントへの対応 —— 修正しない場合

　査読者のコメントが「論文の良い部分」に関するものであるときは，修正する必要はない。さらに，仮に「論文の修正部分」を指摘するコメントであっても，それが納得できないものであれば，修正しないこともある。

2.1 「論文の良い部分」に関するコメントに対して

　査読者からのコメントには，論文のどういったところが良いのか指摘するものがある。以下がその例である。

・先行研究を綿密に調査し，それを基礎に，新たな視点を持って研究をスタートしている。実験の手順も表を利用して明確に記述されている。
・非常に興味深い研究をきちんとデータを取り分析している。また，実験計画が複雑であると思われるが，比較的わかりやすく説明している。
・結果を分析する統計手法は適切で，多くの表を用いてさらにそれらに説明を加え，必要な情報をすべて明示しているので，大変わかりやすい。
・認知言語学の最新の研究分野を扱ったものであるが，読者にとって論旨の進め方は納得がいくようになされている。
・全体的に論文の構成がしっかりしていて，論旨に一貫性があり，十分な証拠が提示され，読者にもすっきりと理解できるものだと思う。

7

どのように論文は投稿・掲載されるのか？

・普段の指導の在り方について示唆する部分も大きい研究であると思う。
・特に，新しいタスクでもある程度の効果があるのは実践的に心強い。

　査読者がどういう視点で良い部分を見極めるのかを示すため，重要だと思える箇所に下線を引いてみた。「新しい視点」「（実験手順や分析結果の）わかりやすさ」「十分な証拠」「論旨の一貫性」「理解しやすさ」「指導への示唆」といったキーワードが，判断基準となっていることがわかるだろう。

　このようなキーワードは，じつはジャーナルの投稿規定に明記されている評価観点と非常に関連している。例えば，**第5章表1**（82ページ）を見てもらいたい。*ARELE*では，全体評価以外に評価のポイントは4つある。1つ目は「独創性」に関するもので，「関連する先行研究を踏まえ，新たな視点・解釈を提供しているかどうか」という視点で評価する。「新しい視点」というキーワードは，この観点に当てはまると言える。次に，「研究方法」に関連して，「実験手順や分析結果が適切でわかりやすく，および証拠が十分であるかどうか」という視点で評価がされており，「（実験手順や分析結果の）わかりやすさ」と「十分な証拠」といったキーワードがここに属すると言えよう。また，「論理性・表現」における「論旨の一貫性や表現の適切さ」，そして，「意義・貢献」と関連する「他の研究や指導の発展に寄与する可能性」についても評価の対象となっており，「論旨の一貫性」「理解しやすさ」「指導への示唆」といったキーワードはそれぞれこれらの評価観点とリンクすると言える。

　査読者から「○○○が良い」とポジティブなコメントをされた箇所については，ぜひ，次に論文を執筆するときにも意識するように心掛けたい。そうすることで，頻繁に良い部分が論文に反映できるようになる。

2.2 「論文の修正部分」に関する納得できないコメントに対して

　査読者のコメントに真摯に答えるのは当然のことであり，前向きに修正の方向で対応する姿勢は大切である。しかし，どうしても納得のいかないコメントや指示をもらうことがある。そのような場合は，必ずしも修正する必要

はない。以下の査読者のコメントと回答の例を見てもらいたい。

【査読者のコメント】

本研究の実験で比較しているのは，タスクの繰り返しの有無ではなく，繰り返しの種類の違いであると私は考えます。Task repetition の先行研究では，exact repetition と procedural repetition を区別するものもあり，本研究で「別のタスクを行った」グループについても，実際には別の絵を用いてはいるものの，タスクとしては同一（物語タスク）であると言えるのではないでしょうか。異なるタスクとの比較を考えるなら，物語タスクではない別のタスクを実施する必要があると思います。

【回答】

本研究で引用したタスク繰り返しに関する先行研究では，同じ絵や映像を繰り返すタスクを task repetition としている。De Jong and Perfetti (2011) は同じテーマでモノローグタスクを3回行うことを Repetition condition，異なるテーマでモノローグタスクを3回行うことを No repetition condition と設定している。さらに，Bygate (2001) も9週間前に行ったタスクで使用した絵と同じ絵を使って行う物語タスクとインタビュータスクを repetition とし，9週間前とは異なる絵を使って行うタスクを a new version of the same task type と分類している。こうした先行研究と同様に，本研究でも「同じ絵を使ってタスクを行うこと＝繰り返し，異なる絵を使ってタスクを行うこと≠繰り返し」と定義し，すでに本文で述べているため，今回は修正しませんでした。

査読者のコメントに対し修正しない場合には，その理由や根拠を述べる必要がある。しかし，単なる自身の考えを主張するだけでは，十分であるとは言えない。理由の妥当性を証明するものがないからである。妥当性を伴う理由や根拠を述べる方法の1つとして，【回答】が示すように，「コメントで指摘されている部分はきちんと先行研究と同じ手続きを踏んでおり，妥当性の点で問題はない」という点を前面に押し出すことが挙げられる。

7

どのように論文は投稿・掲載されるのか？

3.　査読者のコメントへの対応 ── 修正する場合

　査読者からもらうのは，読んで嬉しくなるポジティブなコメントだけではない。目にしたとき，「どうして？」「全然わかっていない！」「言われた通りの修正は無理!!」と思わず口にするような修正を求めるものも当然送られてくる（恥ずかしながら，若いときは頻繁にそういったことを口走っていた気がする）。そのようなとき，一呼吸おいてぜひ思い浮かべてほしいことがある。それは「修正を求められる，イコール，内容的には採択の可能性があるレベルという前向きな評価であり，なおかつ，査読者のコメントに従うことでより良い論文にバージョンアップできるチャンスがある」ということである。

　修正を要する部分には，2種類ある。1つは，「修正することで良くなる部分」であり，もう1つは，「より良くするために改良の余地がある部分」である。第5章のことばで言えば，前者は軽微で些細なコメント（minor comments）の対象であり，後者はこれがクリアされなければ掲載は難しいと判断されるような重要なコメント（major comments）の対象である。いずれの場合も，初稿は再審査の対象となり，査読結果に基づき修正を行い再提出する（第5章図2（81ページ）参照）。その際，査読者のコメントに対する回答として，どのように修正したのか，あるいはなぜ修正しなかったのかがわかるような表（修正対応表）も作成し，提出を求められる（第6章，第8章参照）。投稿先により表のフォーマットは若干異なる。しかし，査読者からのコメントの内容と各コメントに対する回答の内容がわかるものでなくてはならない点は共通する。通常査読者は複数いるため，それぞれの査読者のコメントに対する対応表を作成することになる。

　次に，「修正することで良くなる部分」に対するコメントと，より「良くするために改良の余地がある部分」に対するコメントとその対応について，詳しく述べていく。

3.1　「修正することで良くなる部分」に関するコメントに対して
　査読者は，誤字脱字の指摘を含め，具体的にベターな表現や表示方法につ

いてアドバイスしてくれる場合が多い。以下はその例である。

・効果量として Δ が使われています。これは理論上 1.0 を超え得るので，数値が 1.0 未満であっても 1 の位の 0 は省略しないことが APA マニュアルで決められています。

・「異なるタスクを 2 回行う」とありますが，「それぞれ 1 回ずつ」の方がわかりやすくないでしょうか。

・実験の結果の記述の中で became という表現がたびたび使われていますが，必ずしも事前・事後の関係になっていない場合にも使われていますので，その場合は was か were に変更した方がよいと思います。

・複数の著者の論文を引用する場合，その著者名を列記する書式に整合性がありません。& と and の混用があります。

・これだけ参加者が少ないと，検定力も測定し妥当なサンプルサイズを明らかにした方がよいでしょう。以下参考文献を紹介しておきます。

　　竹内・水本（2014）『外国語教育研究ハンドブック（改訂版）』松柏社

　こうした査読者からのアドバイスに従って修正することは容易である。そのため，このような指摘に対しては，「ご指摘通り，修正しました。修正後：p.○の×行目，△△△（具体的な修正後の表現）」といった回答で対応すればよい。例えば，上に挙げたコメントに対する回答は，「ご指摘通り，修正しました。修正後：p.9 の 5 行目，Δ=0.74；同 8 行目，Δ=0.98」「ご指摘通り，修正しました。修正後：p.6 の 9 行目と p.10 の 3 行目，それぞれ 1 回ずつ」，「ご指摘通り，修正しました。修正後：p.8 の 11 行目と 14 行目，were」などとなる。

3.2 「より良くするために改良の余地がある部分」に関するコメントに対して

　この部分は，表現に関する指摘やアドバイスではなく，3.1 のようには容易に修正ができるものばかりではない。査読者にとって内容に関する看過できない問題や不明確な問題に関するコメントであり，回答の適切さが採択を左右することもある。そのため，修正にはかなり気を使うことになる。私の

7

どのように論文は投稿・掲載されるのか？

経験上，とりわけ，「詳細な説明が不足する」と「理由の記述が不完全である」という2点について指摘されることが多い。

　ここからは，投稿時（修正前）の原文，査読者のコメント，そして再投稿時（修正後）の加筆修正済み文の3点を事例として取り上げながら，「詳細な説明の不足」と「不完全な理由の記述」のそれぞれに対するコメントへの対応の仕方について，説明していく。

(1) 論文に詳細な説明を記述する

（修正前の原文）
練習時にタスクを繰り返さなかったグループ2よりも，グループ1の方が正確さを向上させていた。このことは単に形式化への注意量が増えただけでなく，正しい宣言的知識の使用が促進されたことが原因であると考えられる。

【査読者のコメント】
「正しい宣言的知識の使用が促進された」とありますが，「なぜ」そのようになるのかを含め，もう少し説明して下さい。

（修正後の加筆修正済み文）下線部を加筆修正
練習時にタスクを繰り返さなかったグループ2よりも，グループ1の方が正確さを向上させていた。<u>1回目のタスク遂行時には概念化に対して多くの注意を向けることを必要とするが，同じタスクを繰り返す際には目標形式に関する意味と形式の結びつきにより多くの注意を向けながら，宣言的モジュール内に蓄えられている目標形式に関する宣言的チャンクにアクセスすることを経験する。グループ1は練習を通じて何度もこの経験を重ねることにより，</u>正しい宣言的知識の使用が促進されたと考えられる。

　査読者からは，より詳細な説明を求められる。特に，結果に至るプロセス（例では，正しい宣言的知識の使用が促進されたという結果に至るプロセス）についての記述を求められることが多い。下線部がプロセスについて詳細に

説明していることがわかるだろう。執筆時には，「どのようにしてそうなるのか」といった How の視点が抜け落ちないように気をつけたい。回答する際にも，できるだけ詳しい説明をつけ加えるようにすべきである。

(2) 論文に的確な理由を記述する

理由に関する記述が的確でない場合に起こるケースを 2 つ紹介する。

①ケース 1：コメントに対応した修正により採択

> **（修正前の原文）**
> 正確さに関して，目標形式である動詞（時制・語選択・主語と動詞の一致）と冠詞（全種類）に焦点を当てながら「使用された目標形式の全体数」と「目標形式のエラー率（目標形式のエラー数／使用した目標形式の数 ×100）」の組み合わせで正確さの変化を測定した。

> **【査読者のコメント】**
> 正確性の測定尺度として動詞と冠詞だけを用いたことが気になります。言語項目を限定せずに正確さを測定することは可能ですので，そうしなかった理由を説明する必要があるのではないでしょうか。さらに，評価は誰が行いましたか。信頼性の検証を行う必要がないですか。

> **（修正後の加筆修正済み文）** 下線部を加筆修正
> 正確さに関して，タスクの違いによって使用される形式の頻度にバラつきが生じることを抑えるために，どのタスクでも使用頻度が高いと考えられる動詞（時制・語選択・主語と動詞の一致）と冠詞（全種類）を目標形式とした。そして，英語母語話者 1 名と一緒にすべての目標形式に関するエラーを確認した後，「使用された目標形式の全体数」と「目標形式のエラー率（目標形式のエラー数／使用した目標形式の数×100）」の組み合わせで正確さの変化を測定した。

　論文で述べたことに対して，そうした理由が記述されていないことを指摘されることも多い。下線部が，分析対象の言語項目を限定した理由を示していることがわかるだろう。つまり，執筆時はもちろん，回答時にも「なぜそう言えるのか」という Why の視点が抜けないように気をつける必要がある。

②ケース2：初稿の時点で「不採択」判定

　以前，「どのような取り組みを行えば，中学校における JTEs と ALTs によるティーム・ティーチングを有効にすることができるのか」というテーマで執筆したことがある。以下が論文の趣旨になる。

> 4か月にわたり JTEs と ALT が毎週1回全員が集う定例会議を持ちながら CAN-DO リストを共有するという実践的取り組みを行った。この取り組みの効果を検証した結果，「ALT が単元目標に向けた授業活動を計画できるようになった」，さらに，「JTEs と学習者と ALT の間で目標を共有できるようになった」という事実が確認できた。こうした取り組みを成功させた要因は，「定期的に英語科の会議を持つことで JTEs と ALT がしっかりとコミュニケーションを取ることができたこと」と「JTEs と ALT の両者の間で CAN-DO リストを共有したこと」という2点である。

　この論文は「不採択」という評価を受けた。そして，査読者の一人からは，以下のコメントが寄せられた。

> 【査読者のコメント】
> 本実践研究からは，定例会議と CAN-DO リストの両方が揃って初めて効果が発揮されるのか，あるいはどちらかだけが有効であるのかは不明です。

　私自身は，ティーム・ティーチングがうまくいくようになった理由を述べていたつもりであった。しかし，コメントを見ると，理由があいまいであることに気づくだろう。さらに，ケース1とは違い，主張したいことが論文の核となるケース2の場合，その主張の理由を的確に述べないことにより，

論文に重大な欠陥があると判断されることもわかるだろう。つまり，主張したい点が論文の根幹に関わる度合いが強いほど，主張の理由を的確に明記することが必要となる。この点がクリアされない場合，致命的な問題となってしまう。言い換えると，査読者による「致命的な部分」に対するコメントの多くは，論文の根幹に関わる主張の妥当性に疑問を投げかけるものであると言える。そのため，執筆時や回答時には，「そう言うための理由はこれしかない」という具合に，できるだけ視点を限りなくフォーカスし，あいまいさをなくすように気をつける必要がある。

4. 投稿から掲載までのポイントのまとめ

　この章では，投稿者の立場から，論文の投稿後から掲載前までのポイントを述べてきた。以下が，ポイントを箇条書きしたものになる。

・「○○○が良い」とポジティブなコメントをされた箇所については，次に論文を執筆するときにも意識するように心掛ける。
・どうしても納得のいかないコメントに対しては，妥当性を伴う理由や根拠を述べることで修正はしない。
・表現や表示方法に関するコメントについては，助言通りすべて修正する。
・内容に関するコメントについては，ポジティブに受け止める。そのうえで，How の視点（「どのようにしてそうなるのか」）と Why の視点（「なぜそう言えるのか」）が抜け落ちないようにし，できるだけ詳しくつけ加える。主張したいことが論文の核となる場合は特に注意し，その主張の理由を的確に述べる。

　必ずしも，論文修正は一度で終了ということはない。海外のジャーナルでは複数回のやり取りはごく普通である。国内のジャーナルでも複数回の修正を求められることはある。修正時にはぜひ，「査読者も編集者も投稿者のためを思っている」ことを意識したい（第6章，第8章参照）。そして，Rome was not built in a day. ということも。

7

どのように論文は投稿・掲載されるのか？

英語でうまく論文を書くコツ

　けん玉にしろ，スノボにしろ，コツを学ぶには時間をかけ経験を積むことが必要である。英語でうまく論文を書くコツも然りである。たくさん書くことで，うまく書くコツに気づき，少しずつ時間をかけて身につける。一方，コツを知る人からアドバイスを受け，それを意識して練習することで，あまり時間をかけずにコツを身につけることも可能である（例えば，バックで車庫入れ）。英語でうまく論文を書くコツは数多くあるが，ここでは 2 つに絞って述べる。

コツ 1．セクションの執筆順序と執筆量の割合を意識する

　論文執筆時，あなたはどのセクションから書き始め，その後どう書き進めていくだろうか。「イントロダクション」から始め，順を追って進めていくだろうか。限られたスペースを使った執筆で大切なのは，主張したい点を明確にすること，そしてその主張したい点を手厚くカバーすることである。論文では，「何が研究の目的であり，その目的はどのように達成されたのか」という点をしっかりと主張すべきである。つまり，目的を仮説や問いで表し，その答えを根拠となるエビデンスとともに示す「結果」が肝となる。さらに，その主張を肉づけし，より詳細で深いものにする「考察」も重要になる。したがって，仮説・問いから始め，結果そして考察という順序で書き進めるのが効果的である。

　ただし，この順序は決して一方向ではない。結果や考察を述べる際に，仮説・問いに戻り両者の関係性を確認したり，主張を明示するためのエビデンスとなる結果に戻りながら考察を展開するという双方向的な作業となる。この作業は大変だが，主張点が明白になれば，その後，他のセクションで不必要な情報や先行研究に言及するのを避けることが容易になる。前から順に執筆した後に，冒頭から不必要な部分を探し削除するという作業に比べ，効率的である。

　各セクションをどれほど書くのかという点も重要である。割合を考慮することで，不必要な情報を削ぎ落し，論文の質を高めることができる。例えば，「結果」で膨大なデータ分析結果を記述しても，「考察」が少ない場合，不要なデータがあり，その研究そのものが薄っぺらいという印象を与える。目安として，(a)「アブストラクト」・「イントロダクション」（15％），(b)「先行研究」

（20％），(c)「結果」（25％），(d)「考察」（20％），(e)「結論」（5％），(f)注釈・引用文献等（15％）という割合を提案する。例えば，上限数が 16 ページの *ARELE* では，ページ数は (a) 2.5，(b) 3，(c) 4，(d) 3，(e) 1，(f) 2.5 となる。

コツ 2．使用する英語表現に気をつける

　英語と日本語の間には表現するうえで違いが存在し，その違いを認識せずに執筆した英語表現は適切ではなく，読者が理解できなかったり誤解することがある。注意すべき表現方法等については，APA 第 7 版（APA, 2020）の第 4〜6 章にかけて述べられている。ここでは 3 点に絞り，その重要性を喚起する。

（1）1 つの文は短く，明確に書く。

　例えば，くどい言い回しは避ける（for the purpose of よりも for），重複（下線部）を避ける（four <u>different</u> groups），指示代名詞を避ける（it や this のような指示代名詞は何を指すのかあやふやになるため，the finding, this test のように，指すものを短く特定したり，代名詞の後に名詞をつける）などが必要である。

（2）日本語的な発想で表現しない。

　比較級を例に取ると，「彼女の給料はコンビニ店員より低かった」という日本語的発想をすると，*Her salary was lower than a convenience store clerk. という文を作ってしまう。しかし，比較の対象を内容的に一致させ，情報をより明確に表記することを考えると，「コンビニ店員<u>のもの</u>より」となり，Her salary was lower than <u>that of</u> a convenience store clerk. という適切な形式になる。

（3）文章スタイルを意識する。

　英語執筆時には，「先行研究・研究の手続き・結果は動詞の過去形を使い，考察・結論は現在形を使う」といった容易に意識できるものから，「句読点，接続詞および単語（同意語）をまんべんなく使う」や「文やパラグラフのつながりを工夫し，論理の飛躍を避け，議論を詳しく展開する」といった練習なしにはその使い方を習得できないものまで，幅広いスタイルが求められる。

　冒頭でも述べたように，（APA 第 7 版を片手に）たくさん書くことで，英語でうまく論文を書くコツは少しずつ身につく。また，論文を読む際に，表現やスタイルなど（インプット）を意識してみるのも良い方法である。

8

どのように論文は編集されるのか？
―編集者の立場から

1. 論文編集の舞台裏

　第5章で見たとおり，論文の著者から投稿された原稿（以下，投稿原稿）は，編集者による形式審査を受け，受理された原稿は査読のプロセスへと進み，原稿の採否が決定される。採択された場合には，完成原稿を作成・提出し，著者校正を経て，出版・刊行に至る。本章では，ジャーナル編集者の立場から，投稿から刊行までのプロセスにおいて，投稿者ならびに査読者に留意してほしいことについて述べる。まずは，投稿原稿の受付から始まる編集の舞台裏について述べていくことにする。

1.1　形式審査

　投稿原稿は，査読プロセスに進む前にジャーナルの編集委員長や編集委員長を補佐する編集委員により，「投稿規定」に沿って作成されているかチェックする形式審査を受ける。ジャーナルによっては「規程に合わない原稿は受け付けない」という厳しい対応を行う場合もあるが，提出期限までに余裕がある場合などは，いったん返却して再投稿を促すケース等もあり得る。

　この段階で編集者を最も悩ますのは，投稿原稿の提出が期限前に集中するという状況である。期限ギリギリまで原稿作成に時間を費やしたいという投稿者の気持ちは十分に理解できるが，その後の編集プロセスを考えると，ギリギリに提出された原稿の形式審査は，短時間で機械的に処理せざるを得なくなる。また，投稿受付の期限は厳守しなければならないので，形式面に不

備のあった原稿を，受付期限を過ぎてからいったん返却して再投稿を認めることは時間的に不可能である。

　したがって，形式面を整えることに不安がある投稿初心者の方には，投稿原稿を早めに完成させ，提出期限前に余裕をもって投稿することを勧める。形式審査を担当する編集者が丁寧に対応することのできる受付期間内であれば，いったん返却して再投稿を勧めるような温情のある（？）対応を行っていただける可能性が十分にあると言える。

1.2　査読

　形式審査を通過した投稿原稿は査読プロセスに進み，英語教育の各専門分野に精通した査読者たちによって，厳正に審査が行われる。投稿の際に，「査読希望分野」を自己申告させたり（例：*ARELE*)，「キーワード」を選択させたり（例：*KATE Journal*）するのは，編集者が投稿原稿とその査読者を適切にマッチングして審査を依頼するために他ならない。だから，投稿者は自分の論文テーマ・内容に合う分野やキーワードを慎重に選択する必要がある。

　各原稿には，通常 2〜3 名の査読者が割り当てられ，1〜2 か月程度の期間で論文審査が行われる。国内ジャーナルの場合，匿名査読が一般的で，査読期間中，論文の執筆者が誰であるか査読者には伝えられない。そのため，例えば *KATE Journal* の投稿規定には，「査読用原稿は，氏名と所属機関を削除し，注や謝辞等において執筆者を特定することが可能と思われる記述等を削除すること」のような注意書きが明記されている。投稿の際には，匿名性が担保されているか，原稿をよく確認して提出する必要がある。また，原稿上では執筆者を特定する記述は見られないが，原稿作成を行った PC のアカウント情報に基づき自動作成される「作成者」「更新日時」などのプロパティ情報についても削除する必要があるので留意してほしい。Windows 10 の場合，「ファイル右クリック→ショートカットメニュー［プロパティ］→プロパティの［詳細］タブ→［プロパティや個人情報を削除］をクリック」で削除できる。

8

どのように論文は編集されるのか？

　論文の審査基準そのものに関しては非公表が通例であるが，「評価の観点」については「投稿規定」などに示されていることが多い（第5章参照）。審査の過程で編集者が査読者に望むことは「ジャーナルの読者にとって，専門領域の研究や実践に資する内容の原稿」を高評価にしてほしいということに他ならない。編集者は，出版・刊行に至った際に，一人でも多くのジャーナル読者に「良い論文に出会った」という感想を持ってほしいと考えているからである。

　こうした論文内容の相応しさを重視する編集者の立場から，投稿者には，どのジャーナルに投稿するかをよく検討してほしいと思う。つまり，自分の論文の内容に最も合ったジャーナルを選定し，投稿してほしいということである。例えば，自分の研究に引用した文献や参考文献等が多数掲載されていたジャーナルは1つの選択肢になる。また，公表されている査読者リスト等に，自分の研究や研究分野と関連する研究者が多く掲載されているジャーナルなども候補の1つとなる。

　それぞれのジャーナルが求める「専門領域の研究や実践に資する内容」と投稿された論文の内容に整合性が認められれば，査読者は投稿原稿をポジティブに解釈し，評価を行う傾向がある。しかし，内容的に相応しさが認められなければ，ネガティブな評価に傾くのは当然と言える。

1.3　投稿原稿の採否

　投稿原稿は，「採択」（または採用）の評価を最初から受けることは少なく，ほとんどが「条件つき採択」，「再審査」か「不採択」（または不採用）の評価となる。つまり，書き直しをして再投稿を求める結果が伝えられたら，それは良い評価と受け止めるべきである。書き直しを求められた原稿は，内容的には採択（または採用）のレベルにあると判断されていて，問題のある部分について，査読者の指摘に基づいて書き直すことが求められているのである。

　「不採択」（または不採用）になってしまった場合でも，査読者からの投稿原稿に対するコメントは非常に参考になるもので，その後の論文修正や研究計画等の変更などに有効活用していただきたい。また，「不採択」（または不

採用）になった論文を他のジャーナルに再投稿することは恥ずかしいことでも，不適切なことでもなく，論文執筆者が行う手続きの1つである。ただし，「不採択」（または不採用）になった理由についてはよく検討し，必要な修正を行ってから再投稿することを勧める（第5，6章参照）。

　再投稿に向けての書き直しは，期間的にも限定され，書き直しの要求レベルによっては，本当に苦しい作業になることも多々ある。査読者からの要求レベルが高く書き直しが不可能に思えたり，コメントの内容が不適切に思われたりすることもあり得る。しかし，査読者は編集者が適切にマッチングを行った専門家であり，査読者からのコメントを謙虚に受け入れて，根気よく書き直しの作業に取り組んでほしいと思う。また，書き直しの過程で，どうしても査読者とのやり取りが必要と思われた場合には，編集者を通してフィードバック・コメントを依頼することも可能である。

　実際に掲載されている論文の「謝辞」（Acknowledgement）を読んでみると明らかなとおり，査読プロセスを経て掲載されている論文は，査読者の専門的アドバイスに依るところが大きく，投稿者と査読者のコラボレーションの産物と言える。とにかく，査読者からのコメントに従って，粛々と書き直し作業に取り組むことが重要である。

表1. ○○ジャーナル第○号投稿論文修正対応表
論文タイトル：タスクに基づくライティングテスト信頼性・妥当性の検証

修正コメント	コメントに対する回答
p. 1，10 行目： 本論文の位置づけが明確になるように加筆してください。	ライティングテストの信頼性・妥当性の検証を行うことを目的とした研究であることを明記して，位置づけを明確にしました。
pp. 1–2： 見出しの階層について，テンプレートの指示に従い，訂正してください。	章のタイトルは中央揃えで番号は振らず，節タイトルは左揃えに，項タイトルはイタリックにして，次の行から文章を始めるように改めました。

8

どのように論文は編集されるのか？

115

　ジャーナルによっては提出を義務づけているケースもあるが，修正原稿を提出する際には「修正対応表」（第6，7章参照）を添付することを勧める。特に形式の指定がない場合には，図1や第6，7章の例を参考にして作成し，修正原稿と併せて提出してほしい。

1.4　完成原稿の提出依頼

　最終的に「採択」（または採用）に至った原稿の投稿者には，完成原稿の作成を依頼して，期日までに編集者への提出が求められる。完成原稿の作成に際して，ジャーナル編集事務局より「フォーマットチェックリスト」などが届けられた場合には，それらとの照合を行い，必要な訂正を行う。しかし，記述内容に関しては，採択までに査読者から指摘された点やコメントに応じて加筆修正した内容にとどめ，新たな内容をつけ加えることがないように注意することが必要である。編集者はそのような内容面での不適切な変更修正がないかどうかをチェックする立場にあり，万が一，新規の修正があった場合には，査読者に新たな査読を依頼しなければならなくなる。しかし，各ジャーナルには発刊予定に合わせた入稿日が設定されているため，追加の査読を依頼すると日程的に入稿に間に合わないと判断された場合には，掲載見送りという扱いもあり得る。論文の内容に関しては，軽率に加筆修正等を行わないように注意する必要がある。

1.5　入稿

　ジャーナル掲載予定のすべての原稿が提出され，チェックが完了すると所定の印刷所へ入稿する段階を迎える。以前は，紙媒体での入稿が主流であったが，最近は電子データでの入稿が一般的になっている。

　入稿に際して，編集者はページの割り付けを行い「目次」原稿の作成を行う。慎重に転記して目次の原稿を作成するが，間違いも生じやすいため，通常は，論文原稿と一緒に目次についても著者校正を依頼する。また，事務局で割り付けたページでは，図表などの配置に問題が発生する場合もある。そのような事態に備え，入稿用のファイルはPDFとWORD形式の両方での

提出となることが多い。使用しているソフトウェアのバージョンが旧式であると，ファイルを開いたときに不具合が生じるケースがあるので，できるだけ新しいバージョンで作成・保存して提出するように心がけてほしい。

2. 編集者にかかる手間と負担を減らす工夫と配慮

投稿原稿を受け付けてから，ジャーナルの刊行に至るまでの道のりはおおよそ理解していただけたものと思う。本節では，そのような実務に多くの時間を割いて取り組んでいる編集者の手間と負担を少しでも減らすために，下記内容について配慮をお願いしたい。

2.1　相応しいジャーナルを選択すること

1.2で述べたとおり，編集者は，出版・刊行に至った際に，一人でも多くのジャーナル読者に「良い論文に出会った」という感想を持ってほしいと考え，編集作業に取り組んでいる。掲載論文の全編を通して，読者に専門領域の研究や実践に資する内容の原稿を提供するためには，投稿された論文の内容とジャーナルの編集方針に整合性が認められる必要がある。そこで投稿者には内容的に相応しいジャーナルはどのジャーナルであるかをよく検討して，投稿することをお願いしたい。

2.2　明瞭で適切なことばを用いること

投稿先として選定したジャーナルの「投稿（論文）原稿の書式」に合わせて原稿を書き上げることはもちろんだが，わかりやすくまた論文執筆に適したことばを用いて書くことが重要である。国内の英語教育系ジャーナルでは，APAに準拠して原稿の書式を定めている。そのため，編集者はAPAとの適合性から投稿された原稿の質を判定する。この判定は，内容の細部に関わるものではないが，投稿原稿に対する第一印象となる。また，冒頭のアブストラクトを読むと，論文の概要だけではなくことばの明瞭さ，論文全体のわかりやすさに関してもおおよその見当がつく。誤字脱字や文章表現のぎこちな

8

どのように論文は編集されるのか？

さ，限定的すぎたりくどすぎる説明などが多いと，たとえどれほどすばらしい研究内容であっても否定的な印象を持ってしまうものである。「投稿（論文）原稿の書式」に合わせ，明瞭で適切なことばを用いて原稿を書き上げるようにしてほしい。

2.3　投稿のマナーを守ること

　「投稿における注意」（投稿上の注意）についてもよく確認を行う必要がある。「執筆申込用紙」や「投稿票」などに記入漏れがあり，編集者から投稿者に確認の連絡を行う必要を生じさせたり，PDF ファイルで原稿を提出すべきところを WORD ファイルで提出し，事務局でファイル形式の変更を依頼する必要を生じさせたりすると，編集者に良い印象は与えない。特に，提出が集中する時期にこのような不備があると，原稿が受理されないという最悪のケースもあり得る。注意に従って，投稿マナーを守ることが論文採択への第一歩となる。

3.　投稿者・査読者へのお願い

　最後に，ジャーナル編集者の立場から，投稿から刊行までのプロセスにおいて，投稿者ならびに査読者に留意してほしいことについて述べる。

3.1　投稿者へのお願い

　査読ありのジャーナルに掲載される論文は，編集者がマッチングした査読者と投稿者がコラボレーションして，ジャーナル読者の英語教育研究や実践に資する内容を提供することが求められる。査読者はそのような編集方針を十分に理解して，投稿論文を建設的に批判し，問題点を指摘することを期待されている。多忙な中，貴重な研究時間を割いてボランティアで，論文を改善するためのコメントや論文中の字句の修正まで行う。そのような査読者に対して，投稿者は結果が採択（または採用）であっても不採択（または不採用）であっても，感謝の気持ちを持ってコメントや指摘を謙虚に受け止めて

ほしい。コメントや指摘を受け入れて書き直すと自分の書きたい論文にならない、という考え方ではなく、論文の再投稿から採択に向けて、査読者と共に論文を改善するプロセスの重要性を再認識すべきである。

3.2　査読者へのお願い

　本務に追われる中、貴重な時間と専門的能力を供与してジャーナル編集に貢献していただいていることに心より感謝を申し上げる。投稿論文とのマッチングにおいて、必ずしも専門とは言えない論文の査読を担当するケースもあり、多大な負担をかけていることについても承知している。

　繰り返しになるが、一人でも多くのジャーナル読者に「良い論文との出会い」を経験してほしいと願う編集者としての立場から、審査の過程では「ジャーナルの読者にとって、専門領域の研究や実践に資する内容の原稿」をぜひ高評価してほしい。また、「条件つき採択」、「再審査」となる原稿に対しては、論文を改善するためのコメントや指摘を具体的かつ詳細にお書きいただきたい。残念ながら「不採択」(または不採用)となる原稿に対しては、再投稿に向けて、書き直しのポイントをわかりやすく示してあげてほしい。

　査読結果を受け取るまで長期間待たされた投稿者は、ストレスフルな状態になりがちである。その上、受け取った結果が不採択(または不採用)であった場合には、投稿者は論文に対する批判や問題点を、自分自身に向けられたものと受け止めてしまうケースもあり得る。コメントや指摘をお書きいただく際には、人格や人間としての価値を傷つけることがないように、ことば選びを慎重に行っていただければ幸いである。

8

日頃の教育実践をどのように論文に結びつけるか？（3）
高校教員と論文執筆

博士前期課程修了後

　私は高校で 12 年間（非常勤講師 4 年間，正規採用 8 年間）勤務した後，2014 年から 2 年間休職し，大学院博士前期課程を修了した。2016 年 4 月の職場復帰と前後して修士論文のリライトを開始し，査読つき国際学術誌 *Language Teaching Research*（*LTR*；SAGE Publishing）に投稿，Accept していただく機会を得た。その過程とその後のチャレンジについて，私自身の備忘録として，また投稿を考えている現職の教員の皆さんへ少しでも資するものがあればと思い，ここに記していきたいと思う。

執筆開始から Accept まで

2016 年 2 月 28 日　*LTR* に投稿すべく執筆開始（*LTR* を選んだのは指導教授からのアドバイスによる）。私の修士論文の語数は 21,703 words（Reference, Appendix 除く）だったため，*LTR* の規定語数 7,000 words に収めるべく，redundant な部分の削除が主な作業。月別の研究に充てた日時は次のとおり（保存ファイルを見て確認したので大枠は合っているはず）。

　　2016 年 3/11, 13, 14, 15, 21, 30, 4/1, 2, 17, 18, 24, 5/1, 14, 21,
　　7/27, 28, 29, 8/12, 14, 20

職場復帰と同時に新しい職場に転勤。しばらくは頑張っていたが，6 月に行われる文化祭の予算担当になり，激務で 6 月〜夏休みまでは壊滅。

2016 年 8 月 22 日　夏休み終了直前で Submit 完了。夏休み中に何とか仕上げることができ，とりあえずひと安心。束の間の休息に。

2016 年 11 月 5 日　Decision mail が届く。Reviewer は 2 名。Reviewer 1 のコメント（137 words）は Literature Review の修正と質的データが必要だが，Accept with Minor Revision。一方，Reviewer 2 からは，1,967 words から成る Broad Comments（*n* = 25）と Specific Comments（*n* = 33）が記載されていた。統計処理も含めた細かいところまで私の論文を読んでくれ

ている。多くのフィードバックも勉強になる。そのことが非常に嬉しかったのを覚えている。トータルの結果は Major Revision。以下，論文執筆日。2月中旬からは高校入試（データ処理担当）で忙しくなる…。

2016年 12/11, 16, 26, 27, 2017年 1/3, 5, 27, 28, 29, 30, 31, 2/1, 4, 5, 7, 8, 11

2017年2月12日　何とか Reviewer 2 に指摘された箇所の修正が既定の期日までに終わり，Revision をアップロード。コメントに関して，大学院の博士後期の方にアドバイスを仰いだり，大学に行って SPSS で統計処理を再度行ったり，なかなかに大変な作業となった。

2017年4月9日　2度目の Decision mail が届き，今度は Minor revision。コメントは 319 words。Punctuation のミスへの指摘が主。

2017年4月30日　Minor Revision だったこともあり，それほどの問題もなく修正が終わり，Revision をアップロード。

2017年5月17日　Accept の結果が届く。

次の論文に

その後，次の研究テーマで，再度 *LTR* に Apply したのは 2019 年 7 月のこと。1 か月もたたないうちに Editor からメールがあり，In-House Review の結果は Reviewer に回らずに Reject（論文についてのコメントは無し）。仕事の合間を縫い，データ分析から執筆まで費やしてきた時間を思うと非常に残念だったが，いわゆる Editor Kick が経験できたこと，改めて査読つき論文を出すことの厳しさを学ぶことができたと前向きに捉えることにした。そして数日で体裁を整えて，別の査読つき国際学術誌 *System*（Elsevier）に Apply した（2019 年 8 月 21 日）。2020 年 1 月 8 日現在，いまだ Under Review である。

高校で担任業務や日々の授業の教材研究，校務分掌をこなしながら，（有休をガンガンとって！）先行研究を読み，論文を書くという生活をしているが，これはもちろんプライベートの時間にも食い込んでいる。そんな状況を理解してくれている家族に感謝している。完全に変態扱いされているが（笑）。

9

論文の執筆・投稿と研究倫理

1. 論文執筆および投稿時の研究倫理

　研究倫理は，どの分野の研究であっても研究のプロセス全体で終始徹底して遵守されなければならないルールである。論文でどんなに優れた分析や研究結果が示されていたとしても，このルールに基づいて適切に執筆や投稿がなされていなければ，研究倫理に反する不正行為を行ったと見なされてしまう。では，具体的にどのようなことが研究倫理に反する不正行為に当たるのだろうか。また，不正行為になることを避けるためにどのような手立てがあるのだろうか。

1.1 剽窃・盗用

　文部科学省は，2014年に『研究活動における不正行為への対応等に関するガイドライン』を発表し，研究不正に対して厳しく対応する意思を示している。このガイドラインでは，自分以外の研究者が考案したアイディア，データの分析や解析の方法，データそのもの，先行研究の研究結果，論文そのものや使われている用語に至るまで，先行研究を執筆した研究者の了解や適切な表示をせずにそのまま使うことを剽窃・盗用と定義している（文部科学省，2014）。論文だからといって，文章だけに注意を向ければよいわけでもないことは，上の定義を見ればわかるだろう。とにかく，それが意図的であるかどうかは関係がなく，誰かのものを自分のもののように使って論文を執筆する行為が厳しく禁止されているのである（APA, 2020）。

　剽窃・盗用を避けるためには情報のソースを適切なルールに基づいて示す

ことが必須である。例えば，文章を引用する場合には，次のような方法がある。文献や論文に書かれた文章を一字一句そのまま引用して書く場合には，英語論文では二重引用符（" "），日本語論文ではかぎカッコ（「 」）を使ってその文が引用であることを示す。また，その文の前または後に，著者名→文献・論文の発行年→ページ数の順で出典元をカッコつきで書かなければならない。先行研究で示された，分析結果の図表等を引用するときも，自分で書き換えたうえでタイトルとともに同じ形式で出典元を書く（APA, 2020）。

　文章を一字一句そのまま引用する上の例は，いわゆる「直接引用」（direct quotation）と呼ばれる方法である。論文では，先行文献・論文の大まかな内容や著者の主張などを要約して説明するときもあるだろう。そのときは，「間接引用」（indirect quotation）を使うことになる。これは自分の理解をもとに別のことばで言い換えをする引用の形式で，元の内容と同じメッセージを伝えることを明確に意識しながら，文の順序や構造を変えたり，類義語や同義語を使ったり，（日本語の場合は）体言止めのキーワードにするなどして，自分のことばで言い換えるのが一般的なやり方である。このように言い換えられた文は「自分のことば」ではあるが，もちろん元のアイディアは自分のオリジナルではないため，文章の最初もしくは最後にカッコつきで著者名と文献・論文の発行年を明記する必要がある。なお，過去に出版した自分の論文も自分以外の研究者による先行研究と同じ扱いであるため，たとえ自身が過去に書いた文章や導き出した知見であっても，出典を明らかにしないで論文中で用いることは剽窃（自己剽窃）になるため注意が必要である。この際，引用と併せて参考文献にも当該論文を記載しておくことを忘れないで行う（APA, 2020）。

　松澤（2013）では，1977年から2012年までの公開情報に基づいて日本の研究不正に関する分析を行っている。その結果，人文・社会科学系の分野で起こる不正は，約90%が剽窃・盗用型であったと述べている。この中に英語教育研究が含まれていたかは定かではないが，分野としては剽窃・盗用が起こりやすい何らかの要因があるのだろう。「自分は大丈夫」ではなく，とにかく「自分のオリジナルでないものは適切に引用をする」という原則を

9

論文の執筆・投稿と研究倫理

よく理解・遵守したうえで論文の執筆をしなければならない。

1.2　改ざん・捏造

　剽窃・盗用に続いて，改ざん・捏造も論文執筆の際に絶対にしてはいけない不正行為である。上述の文部科学省（2014）によるガイドラインでは，改ざんを「研究資料・機器・過程を変更する操作を行い，データ，研究活動によって得られた結果等を真正でないものに加工すること」，また捏造を「存在しないデータ，研究結果等を作成すること」（p. 10）とし，これらも研究上の不正行為に当たるものとして定義している。簡単な例として考えられるのは，統計ソフトから出力された数字を書き換えて有意な結果があったように見せかけて論文に書いたり，分析前の処置群（treatment group）のデータを書き換えて都合の良い結果が出るようにしたりすることだろう。一方，例えばインタビューから得られた逐語録の内容を，自分の論文の流れに都合の良いように書き換えることも例として挙げられる。

　改ざん・捏造を避けるためには，研究者自身の正しい倫理観に基づいて研究を進めていくことを最も重要視するとともに，研究者仲間とデータ分析の具体的かつ詳細な手続きについてお互いに共有する場を持つことも必要である。また，研究参加者の協力のもと分析結果や執筆した論文の内容，引用した発言などを確認する機会を作ってもらうこともその手立ての1つとなるかもしれない。

1.3　重複投稿/出版とサラミ投稿/出版

　重複投稿/出版（または二重投稿/出版と呼ばれる）とは，過去に出版された論文や，すでに他のジャーナルに投稿済みの論文を別のジャーナルにも投稿する行為である（日本学術会議，2015）。この際，別のタイトルをつけていても本質的に同じ内容であれば重複投稿と見なされる。また，1つの研究を複数に分割して論文化し投稿・出版することは，薄く切って食べるサラミになぞらえてサラミ投稿/出版と呼ばれている。これらの行為は，業績の水増し行為として学術的に不適切な行為とされており，国内の英語教育系ジャー

ナル（例えば *ARELE, JACET Journal, JALT Journal*）の投稿規定でも禁止行為として明記されている。

　サラミ投稿/出版については，説明不足が理由で不正と判断されてしまう可能性もあるので注意が必要である。具体的に，長期にわたる研究の場合には，適切かつ明確な理由（研究課題やフォーカスの違い等）に基づいて時期を区切って論文化することが考えられる。また，質的研究においては，分析や執筆の途中で分析から浮上した複数の重要な概念のうち1つを取り上げて説明するだけで，1本の論文として十分な考察や分量となってしまうことが往々にしてある。さらに，研究背景，分析プロセス，結果と解釈の内容に至るまでを，図や表を用いながら詳細にかつ十分な説明が求められることもあいまって，字数や紙幅を予想以上に要してしまうことがある。そのため，実施した分析の内容を1本の論文に収めきれないという事態が起こる可能性もある。APA第7版（APA, 2020）では，個々のジャーナルの紙幅の都合によっては複数の原稿に分けることもありうるという立場を取っている。ただし，その場合は分割したそれぞれの論文のフォーカスが明確に異なるものとする必要性を指摘している（p. 95）。よって，正当な理由のもとにやむを得ず分割が必要になった場合には，先に投稿・出版した論文を先行研究や参考文献欄に記載するとともに，研究課題や考察等の面でどのような違いがあるかを過不足なく説明する必要があるだろう。

　すでに出版した英語論文を日本語に訳したもの（または日本語論文を英語に訳したもの）を投稿することが重複投稿に当たるのかは，よく疑問に思うことであるかもしれない。これについては，許容している学会やジャーナルも分野によっては存在する（日本学術会議, 2015）ようだが，先に挙げた*ARELE*では，これも重複投稿に当たるとしている。

　*ARELE*の規定には処分についても記載があり，投稿時に重複やサラミ投稿が判明すれば査読の審査および採択をしないこと，また出版後の場合には論文を取り下げる処分を行う可能性についても言及されている。業績の水増しを目的としている場合はもってのほかだが，せっかく論文化にたどり着いた研究が，重複およびサラミ投稿/出版のルールに関する知識や説明不足で

9

論文の執筆・投稿と研究倫理

不正行為と判断されるのは何としても避けたいものである。そのためにも，論文の投稿を検討する際は，まず目当てのジャーナルの投稿規定をよく読み，設定されているルールをよく理解・遵守することが重要である。

＊

　上記の APA 第 7 版（APA，2020）および文科省のガイドライン（文部科学省，2014）いずれにおいても，これまで述べてきた不正行為がなされた場合のペナルティとして，論文の取り下げはもちろん，研究職の解雇や研究助成金が申請できなくなる等の処分，また学生の場合は退学や単位認定不可等の処分が課される可能性について言及している。このような重い処分から自分を守るため，自分自身への周囲の信頼を守るためにも，普段から研究倫理への認識を深めておくことが望まれる。また，何より論文は社会に広く公表されるものであることを認識し，研究を行うことから生じる社会的な責任を常に意識しておくことが必要である。

2.　調査（実験・研究）参加者に対する配慮

　研究倫理には，調査（実験・研究）参加者（以下：参加者）に対する倫理的な配慮も含まれている。例えば，科研費の申請書（研究計画調書）では，計画書という位置づけでありながら，倫理的配慮についてどのように対応するかを記述するセクションが設けられている（竹内・水本，2014）。このことから，研究を行うにあたって，参加者のプライバシーや人権を守ることがいかに重要なことと認識されているかが理解できよう。以下では，まず研究プロセス全体ではどのような点に留意する必要があるのかについて概要を示す。次に，それらのうち論文において報告すべき内容を整理する。

2.1　研究プロセス全体で求められる倫理上の配慮

　ここでは，APA 第 7 版や文部科学省（2014）のガイドライン，また日本学術会議（2015）にある倫理的配慮に対する記述を参考にしながら，研究のプロセス全体で配慮すべき内容についてその概要を述べる。

　最初の段階として，質問紙やインタビューによる調査を始める前には，参加者に研究協力への同意を確認したうえで調査の依頼を行う必要がある。その際には，確認の内容について文書にまとめたものを配布して口頭により説明を行うのが通例である。この説明に含む具体的な内容は以下のとおりである。まずは，調査の概要と趣旨の説明として，調査を行う者の氏名と所属，目的や方法を含む調査の内容，データ収集に要する時間や回数などを説明する。次は，個人情報に関するもので，研究から得られた個人情報は研究目的以外での使用は絶対にしないことを伝える。

　続けて，調査結果を論文等で公表する際に収集・分析したデータが使われることを説明する。また複数回インタビュー調査を実施する場合は，必要に応じて分析結果や執筆した原稿の内容確認を依頼する可能性があることも伝えておくとよい。公表の際に個人が特定されるようなことがないように細心の注意を払うことも併せて説明しておくべきである。

　さらに，調査への協力は任意であって強制されるものではなく，いつでも辞退ができることもしっかりと説明する。教育研究では研究者が教員でもあることが多く，自分が普段授業を行っているクラスの学習者に研究への参加をお願いすることもあるだろう。この場合，成績評価への影響を心配する参加者が出てくることも考えられる。そのため，成績評価への影響は一切ないことを明言する必要がある。また，教室で全体に向けて説明している状況では，辞退したくてもなかなか言い出せない参加者がいるかもしれない。その対応として，承諾した後からでも個別に辞退を申し出ることも可能である旨を伝えることも忘れずに行う。実際に申し出があった場合には，改めて成績評価や人格を判断することへの影響は起こらないことを，重ねて説明することも必要だろう。

　また収集データ等の情報の秘密保持についても，データの保管方法や廃棄の時期も含めて，細心の注意を払うことも説明する必要がある。なお，日本学術会議（2015）では，発表された論文等で使用された実験データ等の研究資料は，その論文が発表されてから10年間保存をすることが原則とされている。

　最後に，説明に用いた文書にはメールアドレス等の連絡先を記載しておき，研究の内容に関する疑問や辞退の申し出などがあれば連絡するように伝える。

　なお，上記の点について文書に基づいて口頭で説明したのち，研究同意書もしくは研究承諾書に署名をもらうことが多い。その際，参加者用のものと研究者提出用の2パターンで同じ内容のものを用意して両方に署名をもらい，後者の文書のみを受け取って保管するのが通例である。

2.2　論文中で行うべき倫理的配慮

　研究結果を論文化して公表する際には，個人情報や参加者の特定から保護されるように匿名性を確保することが倫理的配慮として必要となる。これについては，本名を公表することは絶対にせず，仮名を使うことが基本的な対応方法である。ただし，その際は本名のイニシャルを使うことは避け，単純に参加者A，参加者Bのようにアルファベットで記載する。また，英語教育研究では，調査のフィールドが学校や学級であることがしばしばあるため，参加者が所属している学校や地域名もイニシャルを使わず，A市，B学校のように記載する。

　太田（2019）では，仮名を使っていても，参加者を知っている人など読む人が読めば参加者が特定されてしまうことも大いにあり得ることを指摘している。例えば，グループインタビューに協力した複数の参加者の発言内容について論文内で詳細に書けば書くほど，参加者同士で誰の発言であったかが特定できてしまう可能性もある。このようなケースへの対応として，太田は，発言やエピソードも含めてどこまでの情報を背景として公表してもよいか，また公表を望まない情報がないかを，公表前に直接参加者に確認してもらう機会を設けることを提案している。

　なお，『外国語教育メディア学会学会機関誌』(*Language Education & Technology, LET*) の投稿テンプレートでは，その他の倫理的配慮として，用語の使用についても言及している。例えば，「実験群」(experimental group) や「統制群」(control group) という用語を，「処置群」(treatment group) や「対照群」(contrast group) とすること，また場合によっ

て,「被験者」(subjects) という用語も「参加者」(participants) とすることを望ましい例として記載している。

3. 査読者に対する倫理指針

　これまで,論文の執筆者が遵守すべき研究倫理について説明を行ってきたが,論文の執筆・投稿に大きく関わる査読者側にも倫理的な配慮が必要となるケースがある。ジャーナル等の学術出版物の倫理規範に関する問題を検討する非営利組織である The Committee on Publication Ethics (COPE:出版規範委員会) は,2013 年に査読者に対する倫理指針である *COPE Ethical Guidelines for peer reviewers* を発表した。この指針では,査読者が査読のプロセスで必要となる倫理的義務について学ぶ機会が少ないことを指摘し,査読者の倫理的判断が必要となるケースを簡潔にまとめている。例えば,3年以内に指導教員と(元)指導生の関係だった場合や,近しい関係にある共同研究者など,何らかの利害関係がある場合には査読を引き受けないこと,査読原稿の投稿者や内容等に関する守秘義務を守ること,国籍・宗教・性別等のバイアスに基づいた査読をしないこと,自分の好みのスタイルに書き換えさせるようなコメントをしないこと,査読者自身の論文の引用を増やす目的で参考文献の追加を促さないこと,などが含まれている。併せて,不正行為の可能性や何らかの疑問や懸念が生じた場合にはすぐに編集者に連絡をすることについても言及がなされている。

　なお,この倫理指針は 2017 年には ver. 2 が発表されており,ホームページで PDF ファイルのダウンロードが可能である (https://publicationethics.org/files/Ethical_Guidelines_For_Peer_Reviewers_2.pdf)。また日本学術会議 (2015) にも,「他の研究の評価について」の項目で同様の内容がまとめられている。査読者に関わる倫理的判断は,査読の経験を豊富に持っていれば常識的なことであるかもしれないが,初めて査読を担当することになったときなどには,実際に査読に取り組む前には身につけておきたい知識である。

9

論文の執筆・投稿と研究倫理

大学院生として論文を執筆・掲載した経験から

大学院生は,「研究者の卵」と言われることがある。もちろん大学院生全員が研究者をめざすわけではないだろうが,多かれ少なかれ研究に従事することになる。このコラムをお読みの大学院生の中には,日々研究を進めるだけで大変なのに論文を書いて投稿するなんて雲の上のことのようだと感じている方も少なくないだろう。大学院へ入学した頃の私も同じことを思っていた。

このコラムでは,そんな修士1年生(M1)の頃の私が初めて英語教育学の論文を書いて学会誌に載せるまでに至った経験談を述べる。

論文の分析と執筆の繰り返し

先行研究の内容を知るのに加え,投稿を考えていた学術雑誌(i.e., 国内の学会誌)の分析も兼ねて論文を読んだ。その目的は,掲載をめざす学術雑誌の論文に求められる要素や質を知ることであった。ページ数や体裁などの機械的な決まりは,投稿規定等で知ることができる。しかし,例えば,論文の紙幅に対して先行研究や手法,引用文献リストといった各要素が占める割合(構成)や実験材料や予備調査に関する情報の詳しさ,いわゆる IMRAD の他に必要な要素(e.g., 英語教育学の論文なので,最後に教育現場への示唆が書かれている)といった情報は,実際の論文を見なければわからない。私の場合,投稿予定の学術雑誌に複数回論文を載せた研究者や大学院生の論文を4～5本読んだ。読む論文の数としては少ないと感じられる方も多いだろうし,今の私自身もそう思う。しかし,授業の発表準備や課題などに追われ,研究にあまり時間を割く余裕のなかった当時の私にとっては,これが精一杯だった。

どうにか夏の学会発表を終えて論文を書くという段階になって,書くことはあるがそれを論文という形にする方法がわからないという問題にぶち当たった。ここで,「論文の分析」が活きてきた。例えば,私の分野では,はじめにトピックに関する理論や認知的な処理過程を説明するモデルなどの説明があり,次にその理論やモデルを実験で得たデータによって検証した研究(i.e., 実証研究)が紹介されるという流れが多い。このような論文の分析によって得た知見

は，逐一自分の論文に反映させていった。また，論文を英語で書く経験がなかったため，論文特有の英語の表現や書き方，論文の体裁なども論文や本を参考に学んでいった。例えば，先行研究の内容を述べるとき，"according to Kamimura（2020）"といった表現よりも"〜〜（Kamimura, 2020）"という書き方が多いので自分もそのように書いてみる，といった具合である。

　結局，先行研究の論文や本を見て書き方を参考にしつつ論文を執筆するというサイクルを何度も繰り返し，どうにか論文を書き上げた。

論文の投稿から掲載まで

　英語で論文を書いた場合，投稿前に英文校正サービスなどを利用して英語母語話者に論文を校正してもらうのが一般的である。また，校正を待っている間に投稿先の規定や『APA論文作成マニュアル（第2版）』をもとに体裁を確認した。1人でも多くの人の目を通すため，ゼミの同期3人で互いの論文をチェックし合った。論文が英文校正から返ってくると，校正の内容1つひとつが私の意図に沿っているか確認し，体裁チェックで発見したミスを修正した。最後に，投稿規定どおりにファイルに名前をつけ，指定の連絡先へファイルを送り，初めての論文投稿を無事に終えた。

　投稿から数か月後，年が明けて最初の週末頃に投稿先から査読結果のメールが届いた。恐る恐るメールを開くと，査読結果を載せたファイルが添付されていた。マトリョーシカのようだなど思いつつ，再び恐る恐るファイルを開くとそこには，「採用」の2文字が！

　だが，これですべてが終わったわけではない。採択・不採択の結果に関係なく，査読結果には論文に対する点数や査読者からのコメントが記載されている。今回の投稿先には再査読がなかったが，せっかくなので査読者からいただいたご助言をできる限り反映し，再び英文校正をかけた後，最終原稿を提出した。

＊

　初めての論文執筆・投稿を通して感じたのは，論文の書き方を分析し自分のものにすることの重要性であった。このコラムの内容が同じく英語教育に携わる大学院生の論文執筆・投稿に少しでも役に立てば幸いである。

エキスパートからのアドバイス（3）
漫画『北斗の拳』から考える国際誌投稿

ユリアまでの長い道のり

　シンはケンシロウの胸に，指を7本突き刺す。瀕死の傷を負い，許嫁のユリアを奪われたケンシロウは，数々の死闘を重ねて殺傷力を高め，長い旅の果てについに宿敵シンを倒す。死にゆくシンが，彼をそこまで突き詰めさせたものは何かと聞く。ケンシロウは答える。「執念だ」，と…。

　国際ジャーナル掲載までの道のりは，まさに「北斗の拳」のそれと重なる。国際ジャーナルの読者が目にするのは，論文という最終形態だけである。「ケンシロウがシンを倒したシーン」だけを見れば，あたかもケンシロウがシリーズ冒頭から無敵であったかのような錯覚を起こす。しかし現実はそうではない。その背後には長いドラマがある。最初はシン（編集者，査読者）から，胸をえぐられるほど激しい攻撃（辛辣なコメント）を浴びる。ときには再起不能となり，ユリアとは別の女性を追い求めるシーズン2へのリブート（別のジャーナルへの再提出）を余儀なくされることもある。運良く生き残れたとしても，その後に続く一連の戦闘（改訂）に勝利し続け，戦闘力（論文の質）を高めなくてはならない。そして最後にようやく辿り着く桃源郷が勝利（出版）だ。そこに至る過程は決してお気楽なものではなく，泥臭く，急峻で険しい。かつ生存率は低い。多く（の研究者）は苦悩し，葛藤し，そして挫折を味わう。道半ばにして諦める者も多い。

ユリアを求める意義と困難

　それでも国際ジャーナルに出版する意義はいくつかある。まず読者が世界中に広がり，それに伴って読者数が必然的に増える。研究論文の価値は，読者数に比例すると言っても過言ではないので，これは特筆すべき点である。さらに自分の論文が国際ジャーナルの論文で引用されるようになり，世界各地で活躍する研究者とつながることができる。その反面，さまざまな困難が待ち受ける。まず外国語である英語で執筆しなければならない。長年英語を勉強し，英語を教え，英語で論文を書いている私でも，必ず最初の査読では，「きちんとネイティブに校正してもらえ」とお叱りを受ける（たとえすでに校正してもらって

いても）。

　また国内の紀要や多くの学会誌であれば，あらかじめ発刊の日が決まっており，そこに間に合わせるために査読等の日程が決められているので，先の見通しを持って作業に取り組むことができる。対して海外ジャーナルの場合には，査読結果がいつ返ってくるのかは，「神のみぞ知る」である。半年間待つことも決して珍しくない。それだけ待って，結局却下されることもざらにある。私自身は，1年間待ってもなしのつぶてで，泣く泣く論文を撤回したこともある。それだけ競争率や却下率が高い国際ジャーナルが存在するということである。トップジャーナルだと出版されるパーセンテージは1桁なので，提出される10本の論文中，9本は却下されることになる。最悪の場合，散々改訂した後で却下されることもある。もちろん出版の難易度はジャーナルによってさまざまだが，ある程度知名度のあるものは，研究の内容と論文の両者に対して，常に一定以上の質が求められる。

ユリア発見に大切なこと

　幅広いトピックの論文を掲載する国内の紀要や学会誌に比べて，国際ジャーナルは，掲載する論文の種類がジャーナルごとに異なっている。そこで自分の論文の内容と読者層が一致しているジャーナルを選択しないと，編集者に瞬殺されることになる。ジャーナルのウェブページに，ジャーナルの目的や掲載する論文の特徴等が書かれているので，まずはこちらを熟読することをお勧めする。よくわからない場合には，自分の論文内で多く引用しているジャーナルを選ぶことから始めてみるのも1つの手だろう。

　しかし私自身が信じる，国際ジャーナルに出版するために最も大切なことは「執念」にほかならない。私がこれまでに経験した最も困難な道程は，最初の提出から出版まで4年半の月日を要した。この間，12回の提出を行い，7回の不採択と5回のリブートを記録した。それでも私自身を完遂までかき立てたものは，「必ず世に出す」という「執念」以外の何ものでもない。読書の皆さんも，編集者や査読者への「怨念」ではなく，「執念」と共に，いつの日かシンを倒されることを心より願っている。（そしてその後には，さらに強敵のラオウが待っている…。）

※北斗の拳とは，1980年代の『週刊少年ジャンプ』を代表する漫画作品の1つ。主人公のケンシロウが，北斗神拳という拳法を駆使して悪漢を倒していく物語。テレビアニメや映画にもなっている。

リソース編　投稿テンプレート・投稿規定

　ここでは，APA 第 7 版（APA, 2020）に準拠しつつ，そこに国内の代表的な英語教育系ジャーナル（*ARELE, JACET Journal, JALT Journal*）の規定を適宜反映させた投稿テンプレートを提示する。なお，146 ページ以降には国内の英語教育系学会（計 6 学会）が示している投稿規定（2019 年度現在）と各ジャーナルの発行状況についてまとめる。

　APA の出版マニュアルはオリジナルが英語の文献であることから，英語論文を想定して作られている。上記の国内ジャーナルについても，英語論文については，基本は APA に準拠した形で投稿テンプレートが作られている。一方，日本語論文用のテンプレートはやや大雑把に作られているものもあり，日本語で執筆をした場合に，どう細かな部分の体裁を整えてよいのかが捉えにくいこともある。例えば，図表のタイトルをイタリックにする部分としない部分や，英語ではピリオドの使用を求められているところで日本語の句点（。）を使うのか否かなど，言語上の違いの影響もあって細かな違いが出てきている。

　146 ページの各学会の投稿規定一覧を見ればわかるように，各ジャーナルには規定に細かな違いがある。余白や行数，タイトルの文字サイズ，要旨の字数制限等がその例である。そのため，ここで提示するテンプレートは APA 第 7 版のスタイルを反映させつつ，各ジャーナルが提供しているテンプレートの最大公約数的なものをイメージして作成している。したがって，このテンプレートを基本として論文を執筆したのち，投稿先ジャーナルの投稿規定に基づいて細かな修正を加えるなどして役立てていただければと思う。

　なお 150 ページ以降の「問いワークシート」は量的／質的研究論文の各セクションの骨子を作成する際に留意すべきポイントについて，156 ページの「論文執筆・投稿チェックリスト」は実際の(再)投稿を行う際に気をつけるべきポイントについて整理している。それぞれ目的に応じて活用してほしい。

■英語論文の場合

Paper Title

[blank]

Author name(s)

Affiliation(s)

[blank]

Abstract

✧Times New Roman
✧中央揃え，太字，サイズは各投稿規定を確認
✧各単語の最初の文字は4文字以上であればすべて大文字（前置詞，接続詞を含む）
✧XXX–Based のように，ハイフンの後に続く語も大文字とする

✧イタリックにする場合もある
（例：*ARELE / JALT Journal*）

✧インデントする場合もある
（例：*ARELE*）

Please write an abstract here. Please write ~~abstract~~ here. Please write an abstract here. Please ~~an~~ abstract here. Please write an abstract here. ~~se~~ write an abstract here. Please write an abstract here. Please write an abstract here. Please write an abstract here. Please write an abstract here. Please write an abstract here. Please write an ~~abstract~~ here. Please write an abstract here. Please write a here. Pleas here. ~~abstract he~~

✧APA（2020）では，Abstract は5要素（Objectives, Participants, Study Method, Findings, Conclusions）を含むとする

✧*Keywords* のみイタリック
✧中央揃え
✧単語・語句・頭字語
✧キーワードの有無や数は投稿規定で確認

✧APA（2020）では本文左揃え
✧国内ジャーナルでは本文両端揃えもある（投稿規定で確認）
✧Times New Roman
✧論文タイトル以外はすべて12ポイント

[blank]

Keywords: template, APA, style, format, academic journal

[blank]

Introduction

✧APA（2020）では，セクションごとの時制の使い分けを勧めている（例：Literature Review と Method は過去形／現在完了形，Results は過去形，Conclusion は現在形）

XXXXXXXXXXXXXXXXXXXXXXXXXXXXX
XXXX XXXXXXXXXXXXXXXXXXXXXXX. XXXXXXXXXXXXXXXXXXXX
XXXXXXXXXXXXXXXXXX
XXXXXXXXXXXXXXXX
XXXXXXXXXXXXX

✧パラグラフの始まりはすべてインデント
✧APA（2020）ではインデントは0.5インチに設定する
✧半角で5字分と指定する国内ジャーナルもあるので，投稿規定で確認

XXXXXXXXXXXXXXXXXXXXXXXXXXXXXXXXXXXXXX

XXXXXXXXXXXXXXXXXXXXXXXXXXXXXXXXXXXXXXX

XXXXXXXXXXXXXXXXXXXXXXXXXXXXXXXXXXXXXXX

✧APA（2020）では本文左揃え
✧国内ジャーナルでは本文両端揃えもある（投稿規定で確認）
XXXXXXXXXXXXX

XXXXXXXXXXXXXXXXXXXXXXXXXXXXX.

[blank]

Method

［blank］

❖APA（2020）では番号はなしで，章タイトルを Heading level 1 と呼ぶ
❖中央揃え，太字
❖番号を必要とするジャーナルもある
（例：**2. Heading Level 1**）

Participants

　　　Heading Level 2 xxxxxxxxxxxxxxxxxxxxxxxxxxxxxx

❖APA（2020）では番号はなしで，節タイトルを Heading level 2 と呼ぶ
❖左揃え，太字
❖番号を必要とするジャーナルもある
（例：**2.1 Heading Level 2**）

xxxxxxxxxxxxxxxxxxxxxxxxxxxxxx

xxxxxxxxxxxxxxxxxxxxxxxxxxxxxx

xxxxxxxxxxxxxxxxxxxxxxxxxxxx

xxxxxxxxxxxxxxxxxxxxxxxxxxxxxxxxxxxxxxxxx.

［blank］

❖APA（2020）では番号はなしで，項タイトルを Heading level 3 と呼ぶ
❖左揃え，太字，イタリック
❖番号をつける場合はイタリックにしない
（例：**2.1.1 Heading Level 3**）

Instruments and Procedures

Questionnaire

　　　Heading Level 3 xxxxxxxxxxxxxxxxxxxxxxxxxxxxxxxxxxx

xxxxxxxxxxxxxxxxxxxxxxxxxxxxxxxxxxxxxxxxxxxxxxx

xxxxxxxxxxxxxxxxxxxxxxxxxxxxxxxxxxxxxxxxxx.

❖図表は APA（2020）では左揃えだが，各投稿規定で確認
❖表作成時は，APA（2020）の 7.21 Table Checklist を参照するとよい

［blank］

Results

　　　xxxxxxxxxxxxxxxxxxxxxxxxxxxxxxxxxxxxxxxxxxxx ...

［blank］

Table 1

❖表＋番号，その下の行にイタリックで表タイトル（各単語の最初の文字は前置詞，接続詞，冠詞は除き大文字）

Table Title

Group	*n*	Pre-test *M* (*SD*)		
1[a]	43	51.46 (12.01)	43	61.73 (14.20)
2[b]	40	49.23 (11.42		

❖1.0 を超えることがある場合は小数点の前に 0（ゼロ）を置く
❖1.0 を超えることがない場合は小数点の前に 0（ゼロ）を置かない
（例：*p* =.04, *r* =.60 など）

Note. xxxxxxxxxxx.

[a]xxxx. [b]xxxx.

❖注はすべて記載が必要なら，上から General note, Specific note, Probability note の順
❖General note は *Note* のみイタリック（説明のあとに要ピリオド）
❖Specific note は表内の特定の欄について言及（説明のあとに要ピリオド）
❖Probability note は表でテスト結果等の有意性に言及する場合に使う（説明のあとに要ピリオド）

❖図表は APA（2020）では左揃えだが，各投稿規定で確認
❖図作成時は，APA（2020）の 7.35 Figure Checklist を参照するとよい

［blank］

XX　XXXXXXXXXXXXXXXXXXXX

XX　XXXXXXXXXXXXXXXXXXXXXXXXXXX

XX　XXXXXXXXXXXXXXXXX ...

［blank］

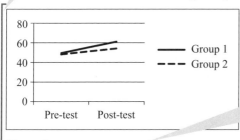

Pre-test　Post-test

─── Group 1
- - - Group 2

❖APA（2020）では，図の通し番号とタイトルの配置も表と同じ
※国内ジャーナルは現時点では未対応のため，ここでの図タイトルの位置については旧版の説明（各投稿規定を確認）
❖イタリックで *Figure*，番号，ピリオド
❖横に図の説明を書いてピリオドで終わる（説明はイタリックなし）

Figure 1. XXXXXXXXXXXX.

［blank］

Discussion

❖カッコ内で引用を書く場合には，著者名・カンマ（,）・発行年の順で記入

Hiromori et al.（2020）XXXXXXXXXXXXXXXXXXXXXXXX XXXXXX

XXXXXXX XXXXXXXXXX. XXXXXXXXXXXXXXXXXXX XXXXXX

❖APA（2020）では，3 人以上の著者の文中引用は，初出から筆頭著者＋et al. で記入
❖カッコ内では，（Hiromori et al., 2020）のように，et al. のあとにカンマを入れて，発行年を記入

XXXXXXXXXX XXX XXXXXXXXXXXXX

XXX XXXXXXXXXXXXX

XXXXX（Sugita, 2013）. XXXXXXXXXX

XXXXXXXXXXXXXXXXXXXXX

XXXXXXXXXXXXXXXXXXXXXXXXXXXXXXXXXXXX

XXXXXXXXXXXX XX（Date, 2017; Hiromori, 2005; Koizumi, 2015）.

XXXXXXXXXXXXXXXXXXXXXXXXXX XXXXXXXXXXXXXXXX

XXXXXXXXXXXXXXXXXXXXXXXXXXXXXXX XXXXXXXXXXXXXX

XXXXXXXXXXXXXXXXXXXXXXXXXXXXX

❖複数の文献から引用する場合には，アルファベット順に列記して，間にセミコロン（;）を入れる

XXXXXXXXX.

Hiromori and Sane（2018）XXXXXXXXXXXXXXXXXXXXXXXXXXX

XXXXXXXXXX XXXXXXXXXXXXXXXXXXXXXXXXXXXXXXXXXX

❖著者 2 名の文中引用の場合は，第 1 著者と第 2 著者の間に and を入れる
❖カッコ内引用では，and を ＆ にして記入

［blank］

Conclusion

XXXXXXXXXXXXXXXXXXXXXXXXXXXXXXXXXXXXXXXXX
XXXXXXXXXXXXXXXXXXXXXXXXXXXXXXX

✧APA（2020）では，40 words 未満の直接引用（Short Quotation）は本文中にそのまま "XXXXXXX" の形で書く
✧ピリオドは引用符（" "）の中に置かない

XXXXXXXXXXXXXXXXXXXXXXXXXXXXXXXXXXXX XXXXXXXXXXXXXXX
XXXXXXXXXXXXXXXXXXX. According to APA（2020）, "If a quotation consists of fewer than 40 words, treat it as a short quotation: Incorporate it into the text and enclose it within double quotation marks" (p. 271). XXXXXXXX

XXXXXXX XXXXXXXXXXXXXXX

✧APA（2020）では，40 words 以上の直接引用（Block Quotation）は改行して全文インデントの形で書く
✧直接引用した文の最後にピリオドを置いてから，引用文献の情報をカッコに入れて書く
✧引用を終えたそのすぐ下の行から文を続ける

XXXXXXX XXXXXXXXXXXXXXXXX
XXXXXXX XXXXXXXXXXXXX
XXXXXXX. XXXXXXXX.

XXX XXXXXXXXXXXXXXXXXXXXXXXXXXXXXXXXXXXXXXX
XXXXXX XXXXXXXXXXXXXXXXXXXXXXXXX:

> If a quotation contains 40 words or more, treat it as a block quotation. Do not use quotation marks to enclose a block quotation. Start a block quotation on a new line and indent the whole block 0.5 in. from the left margin. (APA, 2020, p. 272)

XXXXXXXXXXXXXXXXXXXXXXXXXXXXXXXXXXXXXXXXXXXXXX
XXXXXXX.

✧APA（2020）ではインデントだが，投稿規定で確認

✧Conclusion のあとに書くが，投稿時には書かない

[blank]

Acknowledgments

XXXXXXXXXXXXXXXXXX.XXXXXXXXXXXXXXXXXXXXXXXXXX
XXXXXXXXXXXXXXXXXXXXXXXXXXXXXXXXXXXXX.

✧（必要に応じて）注は結論もしくは謝辞のあとに書く

[blank]

Notes

1. XXXXXXXXXXXXXXXXXXXXXXXXXXXXXXXXXXX.
2. XXXXXXXXXXXXXXXXXXXXXXXXXXX.

[blank]

❖アルファベット順＋年代順　　　**References**

American Educational Research Association, American Psychological Association, & National Council on Measurement in Education. (2014). *Standards for educational and psychological testing.* American Educational Research Association.

American Psychological Association. (2019). *Journal Article Reporting Standards (JARS).* https://apastyle.apa.org/jars/quantitative

American Psychological Association. (2020). *Publication manual of the American Psychological Association* (7th ed.). https://doi.org/10.1037/0000165-000

Center for Open Science. (2019). *The place to share your research* [Open Science Framework: OSF]. https://osf.io/

Cheng, L., & Fox, J. (2013). Review of doctoral research in language assessment in Canada (2006-2011). *Language Teaching, 46*(4), 518-544. https://doi.org/10.1017/S0261444813000244

Date, M. (2017). The influence of timing of form instruction during practice using task repetition on task performance. *Annual Review of English Language Education in Japan* (*ARELE*), *28*, 97-112. https://doi.org/10.20581/arele.28.0_97

Gardner, R. C. (1985). *Social psychology and second language learning: The role of attitudes and motivation.* Edward Arnold.

Griffiths, C. (Ed.). (2008). *Lessons from good language learners.* Cambridge University Press.

Hiromori, T. (2015). *Eigo gakushu no mekanizumu: Daini gengo shutoku kenkyu ni motozuku koukateki na benkyoho* [Mechanisms for learning English: Effective study methods based on second language acquisition research]. Taishukan Shoten.

Hiromori, T. (2018, September 6-8). *Profiling development through an integrated understanding of autonomous language* [Paper presentation]. The 51st annual meeting of the British Association for Applied Linguistics (BAAL). Lord Mayor's Walk, York,

❖APA（2020）では，References は 4 要素（Author, Date, Title, Source）を含むとする

❖APA（2020）では，Retrieved from は書かない（※頻繁に内容が更新される，また現時点で見られない Web ページ等の場合はアクセス日と Retrieved from を書く）

❖ウェブサイトの例

❖版を示すカッコ内はイタリックにしない

❖APA（2020）では，著者と出版社が同じ場合は，出版社の記載は不要

❖ジャーナル論文の例

❖編著の文献の例

❖APA（2020）では，発行元の都市名を記入しない

❖日本語の著書・論文の引用の例
❖ローマ字表記のタイトルを書いた後に，[ ] 内に英訳を入れる

❖学会発表の例
❖学会の開催期間を明記する

United Kingdom.

✧編著の文献内にある章の例

Kawai, Y.（2008）. Speaking and good language learners. In C. Griffiths（Ed.）, *Lessons from good language learners*（pp. 218–230）. Cambridge University Press.

✧Issue Number がある場合は，カッコをつけて入れ，イタリックにはしない

Koizumi, R.（2015）. Second language vocabulary assessment studies: Valid y evidence and future directions. *Vocabulary Learning and Instruction, 4*(1), 36–46. http://dx.doi.org/10.7820/vli.v04.1.2187-2759

Mitsugi, M.（2018）. *Ninchigengogaku teki apurochi ni yoru tagigoshido no jissen to gakushusha no ninchi*［Applying cognitive lin

✧学位論文の例
✧タイトルと大学名を書く

✧印刷中の論文の例 ıs words and analysis of learn ..s perceptions］［Unpublished doctor. dissertation］. Hokkaido University.

Mitsugi, M.（in press）. Shitsuteki bunseki o tsuujita eigo gakushuu douki no gentai kaifuku purosesu kashika no kokoromi: PAC bunseki to TEA o mochiita bunseki［A qualitative study on English learners' demotivating and remotivating process: Analysis using PAC analysis and TEA］. *Research*

✧APA（2020）では，doi: は URL（https://doi.org/xxx）の形で書く

Sugita, Y.（20 3）. Comparability of accuracy and communicability tasks: Are they all equally difficult? *JLTA Journal, 16*, 65–86. https://doi.org/10.20622/jltajournal.16.0_67

✧著者は 20 人まですべての著者を明記する

Yoshimura, M., Hiromori, T., Kirimura, R., & Nishina, M.（2017）. Motivating EFL students through th

✧ページ番号は en dash（midsized dash）で，ハイフンやマイナスとは違うので注意が必要

Thai TESOL Journal, 30, 41–57.

****, *.（****）. **.

［blank］

Appendix X: The Title of Appendix

✧投稿時，自著論文はアステリスクで置き換える

✧Appendix があれば，References のあとにつける
✧複数あれば通し番号をつける

■日本語論文の場合

日本語タイトル

Paper Title in English

［1 行あけ］

名字　名前

所属機関

［1 行あけ］

Abstract

Please write an English abstract here. Please write an English abstract here. Please write an English abstract here. Please write an English abstract here. Please write an English abstract here. Please write an English abstract here. Please write an English abstract here. Please write an English abstract here. Please write an English abstract here. Please write an English abstract here. Please write an English abstract here. Please write an English abstract here. Please write an English abstract here. Please write an English abstract here. Please write an English abstract here. Please write an

［1 行あけ］

Keywords: 日本語論文，テンプレート，APA，スタイル，学術雑誌

［1 行あけ］

はじめに

ＸＸＸＸＸＸＸＸＸＸＸＸＸＸＸＸＸＸＸＸＸＸＸＸＸＸＸＸＸ
ＸＸＸＸＸＸＸＸＸＸＸＸＸＸＸＸＸＸＸＸＸＸＸＸＸＸＸＸＸ
ＸＸＸＸＸＸＸＸＸＸＸＸＸＸＸＸＸＸＸＸＸＸＸＸＸＸＸＸＸ
ＸＸＸＸＸＸＸＸＸＸＸＸＸＸＸＸＸＸＸＸＸＸＸＸＸＸＸＸＸ
ＸＸＸＸＸＸＸＸＸＸＸＸＸＸＸＸＸＸＸＸＸＸＸＸＸＸＸＸＸ
ＸＸＸＸＸＸＸＸＸＸＸＸＸＸＸＸＸＸＸＸＸＸＸＸＸＸＸＸＸ
ＸＸＸＸＸＸＸＸＸＸＸＸＸＸＸＸＸＸＸＸＸＸＸＸＸＸＸＸＸ
ＸＸＸＸＸＸＸＸＸＸＸＸＸＸＸＸＸＸＸＸＸＸＸＸＸＸＸＸＸ
ＸＸＸＸＸＸＸＸＸＸＸＸＸＸＸＸＸＸＸ。

［1 行あけ］

注釈（吹き出し）:

- ✧日本語タイトルがトップ
- ✧フォント，文字サイズは投稿規定で確認
- ✧氏名と所属先機関は英語で併記するケースあり（投稿規定で確認）
- ✧Name, SURNAME もしくは SURNAME, Name の順に注意（投稿規定で確認）
- ✧英語タイトルの併記が多い
- ✧書き方は英語テンプレートと同じ
- ✧要旨は英語が基本で，両言語で書くジャーナルもあり
- ✧両端揃え
- ✧*Keywords* のみイタリック
- ✧太字，中央揃え
- ✧キーワードの有無や数は投稿規定で確認
- ✧段落の始まりは 1 文字分インデント
- ✧日本語論文は本文も両端揃え

方法

［1 行あけ］

研究参加者

> ❖APA（2020）に準拠した場合，日本語論文では番号はなしで，章は Heading level 1
> ❖中央揃え，太字
> ❖番号を必要とするジャーナルもある（例：**2. 章のタイトル**）
> ❖番号を全角もしくは半角にするかは投稿規定を確認

ＸＸＸ／ＸＸＸＸ

ＸＸＸＸ／ＸＸ

> ❖APA（2020）に準拠した場合，日本語論文では番号はなしで，節は Heading level 2
> ❖左揃え，太字
> ❖番号を必要とするジャーナルもある（例：**2.1 節のタイトル**）
> ❖番号を全角もしくは半角にするかは投稿規定を確認

ＸＸＸＸＸＸＸＸＸＸＸ

ＸＸＸＸＸＸＸＸＸＸ

ＸＸＸＸＸＸＸＸＸＸＸＸＸＸＸＸＸＸ。

［1 行あけ］

調査概要

分析の手続き

> ❖APA（2020）から，項にあたる Heading level 3 はイタリックにし，次の行から文章を始める（新しい変更点のため，日本語論文での対応も各ジャーナルの投稿規定を確認）
> ❖左揃え，太字
> ❖番号を必要とするジャーナルの場合はイタリックにしない（例：**2.1.1 項のタイトル**）
> ❖番号を全角もしくは半角にするかは投稿規定を確認

ＸＸＸＸＸＸＸＸＸＸ

ＸＸＸＸＸＸＸＸＸＸ

ＸＸＸＸＸＸＸＸＸＸＸＸＸＸＸＸＸＸＸＸＸＸＸＸ。

［1 行あけ］

結果

ＸＸＸＸＸＸＸＸＸＸＸＸＸＸＸＸＸＸＸＸＸＸＸＸＸＸ。

［1 行あけ］

表 1

表のタイトル

> ❖図表は基本的には英語と同じだが，タイトルや配置は，各ジャーナルの規定に細かな違いがあるため注意が必要
> ❖表＋通し番号で 1 行取り，その下の行に表のタイトル
> ❖表のタイトルは日本語論文ではイタリックにしない

群	事前テスト		事後テスト	
	n	M (SD)		
第 1 群 [a]	43	51.46 (12.01)	43	61.73 (14.20)
第 2 群 [b]	40	49.23 (11.42)	40	53.64 (12.48)

> ❖小数点のルールは英語論文と同じ

注. ＸＸＸＸＸＸＸＸＸＸ。

[a]ＸＸＸ [b]ＸＸＸ

> ❖注の順や内容は英語論文と同じ
> ❖General note の書き方の具体的な説明は本書で紹介した投稿規定にはないため，投稿予定ジャーナルの規定を参照
> ❖この例では，「注」のあとにピリオド＋半角スペースを置き，説明はイタリックにせず最後に句点「。」

［1行あけ］

×××××××××××××××××××××××××××××××××××
×××××××××××××××××。

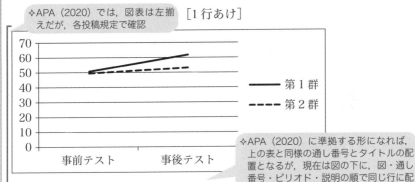

✧APA（2020）では，図表は左揃えだが，各投稿規定で確認

［1行あけ］

✧APA（2020）に準拠する形になれば，上の表と同様の通し番号とタイトルの配置となるが，現在は図の下に，図・通し番号・ピリオド・説明の順で同じ行に配置するのが通例

図1．××××××××××××××××

［1行あけ］

考察

廣田・小達（2020）××××××××××××××××××××××
×××××××××××××××××××××××××××××××
×××××××××××××××××××××××××××××××
×××××××××××××××××××××××××××××××
×××××××××××××××××××××××（Date,
2017; Hiromori, 2005; 廣田・小達，2020; Koizumi, 2015）。×××××××××
×××××××××××××××××××××××××××××××
×××××××××××××××××××××××××××××××
××××××××××××××××××××××××××××××××
××××××××××××××××××××××××××××××××
×××（廣木他，2020）。

✧文中引用は，基本的に英語論文と同じ
✧異なるのは，著者2名以上の場合に，間を中黒（・）で区切って書く点
✧カッコ内引用も，XXX（廣田・小達，2020）のように名前の間を中黒（・）にして，カンマと年号を書く

✧カッコ内に複数の文献を列記する場合は，五十音順ではなく，英語論文と同様にアルファベット順

××××××××××××××××××××××××××××××××
××××××××××××××××××××××××××××××××
×××××××××××××××××。

✧日本語論文では，et al. を「他」に置き換える

［1行あけ］

結論

ＸＸＸＸＸＸＸＸＸＸＸＸＸＸＸＸＸＸＸＸＸＸＸＸＸＸＸＸＸＸＸＸＸＸＸＸＸＸＸ
ＸＸＸＸＸ。廣田・小達（2020）によれば，「ＸＸＸＸＸＸＸＸＸＸＸ
ＸＸＸＸＸＸＸＸＸ ＸＸＸＸＸ」（p. 271）。ＸＸ

> ✧直接引用の書き方も英語とほぼ同じだが，二重引用符（" "）のかわりにカギカッコ（「　」）を使う

ＸＸＸＸＸＸＸＸＸ ＸＸＸＸＸＸＸＸＸＸＸＸＸＸ
ＸＸＸＸＸＸＸＸＸＸＸＸＸＸＸＸＸＸＸＸＸＸＸＸＸＸＸＸＸＸＸＸＸＸＸ
ＸＸＸＸＸＸＸＸＸＸＸＸＸＸＸＸＸＸＸＸＸＸＸＸＸＸＸＸＸＸＸＸＸＸＸ
ＸＸＸＸ ＹＹＹＹＹＹＹＹＹＹＹＹＹＹＹＹＹＹＹＹＹＹＹＹＹＹＹ

> ✧日本語論文のブロック引用はカッコを使わない
> ✧英語論文では 40 words だったが，日本語論文では引用部分が 3〜5 行にわたる場合をブロック引用の基準とすることがある
> ✧上下の行はそれぞれ 1 行ずつあけ，右揃えで 3 文字分間をあけ，インデントなし

ＸＸＸＸ

［1 行あけ］

ＸＸＸＸＸＸＸＸＸＸＸＸＸＸＸＸＸＸＸＸＸＸＸＸＸＸＸＸＸＸＸＸ
ＸＸＸＸＸＸＸＸＸＸＸＸＸＸＸＸＸＸＸＸＸＸＸＸＸＸＸＸＸＸＸＸ
ＸＸＸＸＸＸＸＸＸＸＸＸＸＸＸＸＸＸＸＸＸＸＸＸＸＸＸＸＸ。

（廣木他, 2020, p. 272）

［1 行あけ］

ＸＸＸＸＸＸＸＸＸＸＸＸＸＸＸＸＸＸＸＸＸＸＸＸＸＸＸＸＸＸＸＸ
ＸＸＸＸＸＸＸＸＸＸＸ。

［1 行あけ］

謝辞

ＸＸＸＸＸＸＸＸＸＸＸＸＸＸＸＸＸＸＸＸＸＸＸＸＸＸＸＸＸＸ。

［1 行あけ］

注

1. ＸＸＸＸＸＸＸＸＸＸＸＸＸＸＸＸＸＸＸＸＸＸＸＸＸＸＸＸＸＸＸＸ。
2. ＸＸＸＸＸＸＸＸＸＸＸＸＸＸＸＸＸＸＸＸＸＸ

> ✧基本は英語論文と同様
> ✧以下では英語文献の欄で言及できなかった点，日本語論文に独自の点を中心に示す

> ✧日本語文献と英語文献を混ぜて書く場合には，アルファベット順
> ✧分ける場合には，日本語文献の提示順は著者名の五十音順，英語文献の提示順はアルファベット順

［1 行あけ］

引用文献

American Psychological Association. (2020). *Publication manual of the American Psychological Association* (7th ed.). https://doi.org/10.1037/0000165-000

Brown, J. D. (1996). *Testing in language programs*. Prentice Hall. (ブラウン，J. D.（著），和田稔（訳）(1999).『言語テストの基礎知識―正しい問題作成・評価のために』大修館書店.)

Date, M. (2017a). The effect of awareness through monitoring and form instruction on the learning of forms in task repetition: A case study.『福井大学教育・人文社会系部門紀要』*1*, 57-75.

Date, M. (2017b). ____ form instruction during practice using task repetition ____ *ual Review of English Language Education in Japan*（*ARELE*), *28*, 97-112. https://doi.org/10.20581/arele.28.0_97

廣森友人 (2015).『英語学習のメカニズム―第二言語習得研究にもとづく効果的な勉強法』大修館書店.

Kawai, Y. (2008). Speaking and good langu___ *Lessons from good language learners*（pp. 218-230). Cambridge University Press.

河合靖 (2018).「第8章 学習方略―英語学習の多様性に影響を与える行動要因」酒井英樹・廣森友人・吉田達弘（編）.『「学ぶ・教える・考える」ための実践的英語科教育法』(pp. 152-172) 大修館書店.

小泉利恵・印南洋・深澤真（編）(2017).『実例でわかる英語テスト作成ガイド』大修館書店.

Mitsugi, M. (2018). Effect of schema-based instruction on learning polysemous English prepositions: Analyzing through learners' perceptions. *Journal of Pan-Pacific Association of Applied Linguistics, 22*(1), 43-63.

杉田由仁 (2014).「トレーニング・ポートフォリオを活用した「英語科指導法」の授業効果」*JACET Journal, 58*, 143-155.

**** (****). **.

［1行あけ］

付録A：ＸＸＸＸＸＸＸＸＸＸ

◇付録があれば参考文献のあとにつける
◇複数あれば付録A，付録Bの通し番号

◎各ジャーナル（英語教育系６学会）による投稿規定一覧

	全国英語教育学会紀要 ARELE	大学英語教育学会紀要 JACET Journal	全国語学教育学会紀要 JALT Journal
論文の種類	研究論文 実践論文	論文 リサーチノート 書評	Articles Research Forum / Perspectives Point to point / Reviews
論文の書式			
・テンプレート	あり	あり	あり
・用紙サイズ	A4	A4	A4
・使用言語	英語、または日本語（実践論文に限る）	英語、または日本語	英語、または日本語
・余白	上下40ミリ、左右25ミリ	上下左右25ミリ	上下左右25ミリ
・行数	38行×45字	26行（英文）, 26行×39字（和文）	行間1.5行（英文）, 30行×40字（和文）
要旨（Abstract）	10-15行	200語以内	150語以内＋400字以内（英文）, 400字以内＋500-750語程度（和文）
・キーワード	不要	5語以内	2-5語
・文字揃え	両端揃え	左端揃え（英文）	左端揃え（英文）
・フォントサイズ（英文）	Times 12p（英文） MS明朝10.5p（和文）	Times New Roman 12p（英文） MS明朝10.5p（和文）	Times / Times Roman 12p（英文） MS明朝12p（和文）
・ページ番号	つけない	つける（右上）	つける（下部中央）
・ページ限度	16ページ	30ページ（論文の場合。リサーチノート、書評は別途規定あり）	8,000語（英文） 18,000字（和文） （Articlesの場合。他は別途規定あり）
・引用文献	APA準拠（注も同様）	APA準拠 （他の箇所も基本はAPA準拠）	APA準拠 （他の箇所も基本はAPA準拠）

投稿資格	前年度2月末までに会員登録が必要（共著者（第二著者以降）は当該年度9月末まで）	投稿時までに会員登録が必要（共著者も同様）	不問
投稿方法	完成原稿（PDF），査読用原稿（PDF），投稿票をまとめてメール添付で提出	査読用原稿（WORD, PDF）をオンラインシステムを通じて提出	査読用原稿（WORD），カバーシート（著者情報等）をメール添付で提出
チェックシート	あり（投稿資格等）	あり（フォーマット等）	なし
投稿締切	2019年10月11日	2019年5月13日	随時
査読者数	3名	—	少なくとも2名
査読の結果通知	当該年度1月末までに通知	—	審査終了次第（通常は2〜3か月以内）
発行時期	当該年度3月頃	当該年度2月頃	5月と11月（年2冊発行）
掲載費	10,000円	なし	なし
最新号 [本書執筆時点]	Volume 30（2019年3月発行）	No. 63（2019年2月発行）	Volume 41, No. 2 （2019年11月発行）
掲載論文数 （過去5年平均）	Vol. 26 (2015) 28本 Vol. 27 (2016) 20本 Vol. 28 (2017) 24本 Vol. 29 (2018) 20本 Vol. 30 (2019) 21本 （平均22.6本）	No. 59 (2015) 10本 No. 60 (2016) 7本 No. 61 (2017) 9本 No. 62 (2018) 8本 （うち3本は招待論文） No. 63 (2019) 6本 （うち2本は招待論文） （平均8本）	Vol. 37, No. 1／2 (2015) 6本 Vol. 38, No. 1／2 (2016) 6本 Vol. 39, No. 1／2 (2017) 7本 Vol. 40, No. 1／2 (2018) 4本 Vol. 41, No. 1／2 (2019) 5本 （平均5.6本；ただしReviewsは除く）

注1：投稿締切等は2019年度のものに準ずる。
注2：「—」は不明，あるいは投稿規定等に言及がないことを示す。

	日本児童英語教育学会研究紀要 JASTEC Journal	小学校英語教育学会会誌 JES Journal	外国語教育メディア学会学会機関誌 Language Education & Technology
論文の種類	学術論文 学術研究資料 実践報告と提言	研究論文 実践報告	研究論文 実践報告
論文の書式			
・テンプレート	なし	あり	あり
・用紙サイズ	A4	A4	A4
・使用言語	英語、または日本語	英語、または日本語	英語、または日本語
・余白	上35ミリ, 下30ミリ, 左右30ミリ	上下左右25ミリ	上下左右30ミリ
・行数	36行×40字 (英文の場合は半角80字)	38行×45字 (英文の場合は半角90字)	35行 (英文), 35行×40字 (和文)
・要旨 (Abstract)	不要	10-15行	200語以内
・キーワード	不要	3語	5語以内
・文字揃え	両端揃え	両端揃え	両端揃え
・フォントサイズ (本文)	Century 10.5p (英文) MS明朝 10.5p (和文)	Times New Roman 12p (英文) MS明朝 10.5p (和文)	Times (New Roman) 12p (英文) 明朝体 10.5p (和文)
・ページ番号	つける (下部中央)	つけない	つけない
・ページ限度	15ページ / 4,000-5,000 語程度 (英文) 16ページ / 12,000-16,000 字程度 (和文)	6ページ以上16ページ以内	30ページ
・引用文献	APA準拠 (統計結果の記述方法も同様)	APA準拠	APA準拠 (他の箇所も基本はAPA準拠)

投稿資格	会員登録が必要（連名の場合、筆頭者が会員であればよい）	当該年度の全国大会での発表が必要（前年度、不採用になった原稿の再投稿も認める）	投稿者全員が会員であり、投稿年度までの会費を納入済みであること
投稿方法	完成原稿（WORD）、査読用原稿（WORD, PDF）をメール添付で提出	完成原稿、査読用原稿（ともに WORD, PDF）、スタイルチェックシートをまとめてメール添付で提出	完成原稿（WORD, PDF）、チェックリストをまとめてオンラインシステムを通じて提出
チェックシート	なし	あり（フォーマット等）	あり（投稿資格等）
投稿締切	2019年1月31日	2019年9月24日〜30日	2019年11月30日（ただし、8月31日までに事前の投稿申込が必要）
査読者数	—	—	原則として3名（編集委員1名、査読委員2名）
査読の結果通知	—	2020年1月31日までに通知	2020年3月末までに通知
発行時期	当該年度9月頃	当該年度3月頃	翌年度6月頃
掲載費	なし	なし	なし
最新号	No. 38 (2019年9月発行)	Volume 19 (2019年3月発行)	No. 56 (2019年6月発行)
掲載論文数（過去5年平均）[本書執筆時点]	No. 34 (2015) 12本 No. 35 (2016) 9本 No. 36 (2017) 12本 No. 37 (2018) 12本 No. 38 (2019) 9本 （平均10.8本）	Vol. 15 (2015) 11本 Vol. 16 (2016) 14本 Vol. 17 (2017) 7本 Vol. 18 (2018) 11本 Vol. 19 (2019) 14本 （平均11.4本）	No. 52 (2015) 17本 No. 53 (2016) 4本 No. 54 (2017) 11本 No. 55 (2018) 13本 No. 56 (2019) 9本 （平均10.8本）

注1：投稿締切等は2019年度のものに準ずる。

注2：「—」は不明、あるいは投稿規定等に言及がないことを示す。

【量的研究のための問い】 ▶本書第2章（24ページ）
▶大修館書店サイトにデータあり

> 研究テーマ

［左の□はチェックボックスです。問いに答えられているかを確認して☑しましょう。］

【「序文・はじめに」のための問い】（▶本書25ページ）

□	1. 研究で扱う問いは，理論的または実践的になぜ重要か？	
□	2. 本研究は先行研究とどのように関係しているか？	
□	3. 研究課題である仮説や目的は何か？　仮説と研究デザインはどのように関係しているか？	

【「方法」のための問い①】（▶本書26ページ）

□	4. 研究参加者にはどのような特性があったか？	
□	5. 研究参加者をどのように選んだか？　研究はいつ，どこで行ったか？	
□	6. サンプルサイズはいくつ（研究参加者は何人）だったか？　研究が複数の段階に分かれる場合，研究参加者の活動や数に変化はあったか？　フローチャートで表わした方がわかりやすいか？	

☐	7. サンプルサイズをどのように決めたか？	
☐	8. 研究で使う測定具は何だったか？　データをどのように集めたか？	
☐	9. 測定の質を高めるためにどのような手立てを取ったか？	

	【「方法」のための問い②】（▶本書26ページ）	
☐	10. 測定具はすでに妥当性検証の手順が取られたものか？それとも本研究で開発したか？	［どちらかに〇をつけてください］ すでに手順が取られたものを使用 本研究で開発した
☐	11. 測定して得られたスコアの信頼性と妥当性はどの程度あったか？	
☐	12. マスキング（盲検化）が必要な場合，行ったか？　行った場合，どのように行ったか？	
☐	13. 研究デザインはどのようなものだったか？	
☐	14. データ収集後，データ診断をどのように行ったか？	
☐	15. 分析方法はどのようなものだったか？	

	【「結果」のための問い】（▶本書 31 ページ）	
☐	16. 分析してどのような結果が得られたか？	

	【「考察」のための問い】（▶本書 32 ページ）	
☐	17. 研究課題である仮説は支持されたか？	［どちらかに○をつけてください］ 支持された 支持されなかった
☐	18. 得られた結果と先行研究での結果の類似点と相違点は何か？	［類似点］ ［相違点］
☐	19. 研究の限界点や強みは何か？	［限界点］ ［強み］
☐	20. 結果はどの程度一般化が可能か？	
☐	21. 将来の研究，プログラム，または政策に向けた示唆は何か？	

【メモ】

【質的研究のための問い】　▶本書第3章（43ページ）
　　　　　　　　　　　　　　　▶大修館書店サイトにデータあり

> 研究テーマ

[左の□はチェックボックスです。問いに答えられているかを確認して☑しましょう。]

	【「序文・はじめに」のための問い】(▶本書44ページ)	
□	1. 英語教育研究のどの文脈が対象となっているか？	
□	2. 研究の目的は何か？	
□	3. 研究の目的に関連する過去の文献とその内容は何か？	
□	4. この研究に質的研究が適している理由は何か？	
□	5. どのような質的分析の手法を用いているか？	
□	6. 研究の意義や必要性は何か？	[意義] [必要性]
□	7. この研究の研究課題は何か？	

	【「方法」のための問い】（▶本書 45 ページ）	
☐	8. 研究のフィールドとはどのような関係性があったか？	
☐	9. 研究参加者とはどのような関係性か？	
☐	10. 研究参加者をどう選択したか？	
☐	11. 倫理的にどのような配慮をしたか？	
☐	12. 研究参加者は研究テーマと関連してどんな特性を持っていたか？	
☐	13. どのようにデータを収集・分析したか？	［データ収集］ ［データ分析］
☐	14. データ収集や分析の内容について研究参加者や他の研究者からフィードバックを得たか？	［どちらかに○をつけてください］ 得た 得ていない

	【「結果」のための問い】（▶本書 48 ページ）	
☐	15. 分析を通じて明らかになったことは具体的に何か？	
☐	16. 図や表，発言の引用などの構造化された情報は作成したか？	［どちらかに○をつけてください］ した していない

☐	17. 明らかになったことに対してどんな意味づけや理解をしたか？	

【「考察」のための問い】（▶本書49ページ）		
☐	18. 得られた結果と先行研究の結果との類似点および相違点は何か？	[類似点] [相違点]
☐	19. 研究課題への回答をしているか？	[どちらかに○をつけてください] している していない
☐	20. 英語教育(研究)の分野や実践に与える示唆は何か？	
☐	21. 自分が行った質的研究が持つ限界や課題は何か？	[限界点] [課題]
☐	22. 今後の研究に対する展望は何か？	

【メモ】

【論文執筆・投稿チェックリスト】

> (注意) 以下は，本書で取り上げた内容をベースにしたものであり，必ずしも網羅的なリストではありません。特に投稿時の確認事項については，本書の「投稿規定一覧」(p. 146～)，あるいは各学会のジャーナルや学会ウェブサイト等を確認するようにしてください。

[左の□はチェックボックスです。すべての項目を確認して☑しましょう。]

【論文執筆前・執筆時チェック】
□　・論文を執筆するメリットについて理解しているか？　[→序章, p. 3]
□　・論文を投稿するメリットについて理解しているか？　[→序章, p. 6]
□　・読者にとって良い論文とはどのようなものか理解しているか？　[→序章, p. 8]
□　・研究課題にときめきを持てるか？　[→5章, p. 75]
□　・研究課題に情報的・実用的価値はあるか？　[→5章, p. 75]
□　・研究課題は実証的に検証が可能か？　[→5章, p. 75]
□　・論文の構成要素（IMRAD）を理解しているか？　[→1章, p. 14]
□　・（量的手法を用いた論文の場合）量的研究論文報告基準*(JARS-Quant)をカバーしているか？　[→1章, p. 16]
□　・（質的手法を用いた論文の場合）質的研究論文報告基準*(JARS-Qual)をカバーしているか？　[→1章, p. 18]
□　・（混合型研究の手法を用いた論文の場合）混合型研究論文報告基準(JARS-Mixed)をカバーしているか？　[→1章, p. 20]
・（文献レビュー・理論・方法論研究に関する論文の場合）各論文で書くべき内容をカバーしているか？　[→4章, p. 63, p. 66, p. 69]
□　・研究内容の投稿に適したジャーナルか？　[→5章, p. 77; 8章, p. 114]
□　・論文投稿の締切までにゆとりがあるか？　[→5章, p. 78; 8章, p. 112]

*量的／質的研究論文の各セクションを執筆する上での留意点やポイントは，「問いワークシート」【量的／質的研究のための問い】(p. 150～)も参照のこと。

【投稿直前チェック】

☐	・原稿の書式（余白，フォントなど）は投稿規定どおりか？　[→5章, p. 79]
☐	・原稿の長さ（ページ限度や字数制限）は投稿規定どおりか？　[→5章, p. 79]
☐	・本文の内容や表現は専門家以外にも伝わるか？　[5章, p. 79]
☐	・英語表現や統計の分析結果は第三者に確認してもらったか？　[→5章, p. 79]
☐	・漢字の変換ミス，英単語のスペリングミスはないか？　[→5章，p. 79]
☐	・図表の通しナンバーに抜けがないか？　[→5章, p. 79]
☐	・図表のタイトルは内容を適切に反映しているか？　[→5章，p. 79]
☐	・図表で使われている略語の定義は明確か？　[→5章，p. 80]
☐	・執筆者を特定することが可能な記述等は削除したか？　[→8章，p. 113]
☐	・使用しているソフトウェアのバージョンは適切か？　[→8章, p. 116]
☐	・執筆申込用紙，投稿票（ある場合）に記入漏れはないか？　[→8章，p. 118]
☐	・ファイル形式（WORD, PDF など）は投稿規定どおりか？　[→8章, p. 118]
☐	・論文に剽窃・盗用やデータの改ざん・捏造はないか？　[→9章，p. 122]
☐	・論文は未公刊であり，重複投稿やサラミ投稿に当たらないか？ [→9章，p. 124]
☐	・調査や実験に先立ち，研究参加者から同意を得たか？　[→9章，p. 127]
☐	・論文中で個人情報や参加者の匿名性は確保されているか？　[→9章，p. 128]
☐	・論文の体裁は APA（など）の規定に沿っているか？　[→リソース編, p. 135]
☐	・投稿資格が必要な場合，それを満たしているか？　[→リソース編, p. 146]

【再投稿前チェック】

☐	・修正対応表を作成し，すべての査読コメントに対して回答したか？ [→6章，p. 88；7章，p. 104]
☐	・修正対応表に論文のページ番号や行などをつけたか？　[→6章，p. 88]
☐	・修正対応表で回答した内容を論文にも反映させたか？　[→6章，p. 88]
☐	・査読コメントに基づいた修正をしない場合はその理由や根拠を示したか？ [→6章，p. 91；7章，p. 102]

引用文献

American Educational Research Association, American Psychological Association, & National Council on Measurement in Education. (2014). *Standards for educational and psychological testing*. American Educational Research Association.

American Psychological Association. (2009). *Publication manual of the American Psychological Association* (6th ed.). (アメリカ心理学会（著），前田樹海・江藤裕之・田中建彦（訳）(2011).『APA論文作成マニュアル（第2版）』医学書院.)

American Psychological Association. (2019). *Journal Article Reporting Standards (JARS)*. https://apastyle.apa.org/jars/quantitative

American Psychological Association. (2020). *Publication manual of the American Psychological Association* (7th ed.). https://doi.org/10.1037/0000165-000

Aoyama, T., Hoshika, M., & Honda, K. (2018). Reporting practices in L2 quantitative research: A systematic review of *ARELE* 13-28. *Annual Review of English Language Education in Japan (ARELE), 29*, 241-256. https://doi.org/10.20581/arele.29.0_241

Aryadoust, V., & Raquel, M. (Eds.), (2019a). *Quantitative data analysis for language assessment* (Vol. I: Fundamental techniques). Routledge.

Aryadoust, V., & Raquel, M. (Eds.), (2019b). *Quantitative data analysis for language assessment* (Vol. II: Advanced methods). Routledge.

Boo, Z., Dörnyei. Z., & Ryan, S. (2015). L2 motivation research 2005-2014: Understanding a publication surge and a changing landscape. *System, 55*, 147-157. https://doi.org/10.1016/j.system.2015.10.006

Brown, J. D. (2016). *Statistics corner: Questions and answers about language testing statistics*. JALT Testing and Evaluation Special Interest Group.

Center for Open Science (2019). *The place to share your research* [Open Science Framework: OSF]. https://osf.io/

Cheng, L., & Fox, J. (2013). Review of doctoral research in language assessment in Canada (2006-2011). *Language Teaching, 46*(4), 518-544. https://doi.org/10.1017/S0261444813000244

Committee on Publication Ethics (2013). *COPE Ethical Guidelines for Peer Review-*

ers. https://publicationethics.org/files/Peer%20review%20guidelines.pdf

Committee on Publication Ethics. (2017). *COPE Ethical Guidelines for Peer Reviewers.* https://publicationethics.org/files/Ethical_Guidelines_For_Peer_Reviewers_2. pdf

Creswell, J. W. (2014). *A concise introduction to mixed methods research.* SAGE Publications. (クレスウェル, J. W. (著), 抱井尚子 (訳) (2017). 『早わかり混合研究法』ナカニシヤ出版.)

Creswell, J. W., & Creswell, J. D. (2018). *Research design: Qualitative, quantitative, and mixed methods approaches* (5th ed.). Sage.

Creswell, J. W., & Plano Clark, V. L. (2018). *Designing and conducting mixed methods research* (3rd ed., International student ed.). Sage.

Doyle, D. (2013). Notched box plots. https://sites.google.com/site/davidsstatistics/home/notched-box-plots

Gardner, R. C. (1985). *Social psychology and second language learning: The role of attitudes and motivation.* Edward Arnold.

Hashemi, M. R., & Babaii, E. (2013). Mixed methods research: Toward new research designs in applied linguistics. *Modern Language Journal, 97*(4), 828-852. https://doi.org/10.1111/j.1540-4781.2013.12049.x

廣森友人 (2014). 「ダイナミックシステム理論に基づいた新しい動機づけ研究の可能性」 *The Language Teacher, 38*(3), 15-18. https://jalt-publications.org/sites/default/files/pdf-article/38.3tlt_art3.pdf

平井明代 (編) (2017). 『教育・心理系研究のためのデータ分析入門―理論と実践から学ぶ SPSS 活用法 (第 2 版)』東京図書.

平井明代 (編) (2018). 『教育・心理・言語系研究のためのデータ分析―研究の幅を広げる統計手法』東京図書.

平井明代・飯村英樹 (2017). 「測定と評価―妥当性と信頼性」平井明代 (編) 『教育・心理系研究のためのデータ分析入門―理論と実践から学ぶ SPSS 活用法 (第 2 版)』(pp. 1-19) 東京図書.

Honda, K., Aoyama, T., Tadokoro, T., & Kida, Y. (2017). The overseas teaching practicum in pre-service English teacher training: A qualitative data analysis using SCAT. *Annual Review of English Language Education in Japan* (*ARELE*), *28*, 289-301. https://doi.org/10.20581/arele.28.0_289

Honda, K., Hoshika, M., Aoyama, T., Someya, F., & Yamamoto, T. (2018). A systematic review of articles in *KATE* 1-31: Changing trends in the field of English education. *KATE Journal, 32*, 85-98. https://doi.org/10.20806/katejournal.

32.0_85

Horwitz, E. K. (1988). The beliefs about language learning of beginning foreign language students. *Modern Language Journal, 72*(3), 283-294. https://doi.org/10.1111/j.1540-4781.1988.tb04190.x

川口俊明 (2011).「教育学における混合研究法の可能性」『教育学研究』78(4), 386-397. https://doi.org/10.11555/kyoiku.78.4_386

小林雄一郎 (2019).『ことばのデータサイエンス』朝倉書店.

小泉利恵 (2018).『英語4技能テストの選び方と使い方―妥当性の観点から』アルク.

小嶋英夫・尾関直子・廣森友人 (編) (2010).『成長する英語学習者―学習者要因と自律学習』大修館書店.

久保田賢一 (1997).「質的研究の評価基準に関する一考察―パラダイム論からみた研究評価の視点」『日本教育工学雑誌』21(3), 163-173. https://doi.org/10.15077/jmet.21.3_163

草薙邦広 (2014).「外国語教育研究における量的データの可視化―分析・発表・論文執筆のために」『外国語教育メディア学会中部支部外国語教育基礎研究部会 2013 年度報告論集』, 53-70. https://www.letchubu.net/modules/xpwiki/?2013%E5%B9%B4%E5%BA%A6%E5%A0%B1%E5%91%8A%E8%AB%96%E9%9B%86

草薙邦広・水本篤・竹内理 (2015).「日本の外国語教育研究における効果量・検定力・標本サイズ―Language Education & Technology 掲載論文を対象にした事例分析」*Language Education & Technology, 52*, 105-131. https://kansai-u.repo.nii.ac.jp/?action=pages_view_main&active_action=repository_view_main_item_detail&item_id=10065&item_no=1&page_id=13&block_id=21

Larson-Hall, J. (2017). Moving beyond the bar plot and the line graph to create informative and attractive graphics. *Modern Language Journal, 101*(1), 244-270. https://doi.org/10.1111/modl.12386

Llosa, L. (2005). Assessing English learners' language proficiency: A qualitative investigation of teachers' interpretations of the California ELD Standards. *CATESOL Journal, 17*(1), 7-18. http://www.catesoljournal.org/wp-content/uploads/2014/07/CJ17_llosa.pdf

Llosa, L. (2007). Validating a standards-based classroom assessment of English proficiency: A multitrait-multimethod approach. *Language Testing, 24*(4), 489-515. https://doi.org/10.1177/0265532207080770

Llosa, L. (2008). Building and supporting a validity argument for a standards-based classroom assessment of English proficiency based on teacher judgments. *Educational Measurement: Issues and Practice, 27*(3), 32-42. https://doi.org/

doi:10.1111/j.1745-3992.2008.00126.x

前田啓朗・山森光陽（編），磯出貴道・廣森友人（2004）．『英語教師のための教育データ分析入門―授業が変わるテスト・評価・研究』大修館書店.

Marsden, E., Mackey, A., & Plonsky, L. (2016). The IRIS Repository: Advancing research practice and methodology. In A. Mackey & E. Marsden (Eds.), *Advancing methodology and practice: The IRIS Repository of instruments for research into second languages* (pp. 1-21). Routledge.

松澤孝明（2013）．「わが国における研究不正―公開情報に基づくマクロ分析（1）」『情報管理』*56*(3)，156-165. https://doi.org/10.1241/johokanri.56.156

McKinley, J., & Rose, H. (Eds.). (2020). *The Routledge handbook of research methods in applied linguistics*. Routledge.

Mizumoto, A. (n.d.). Correlation (langtest). http://langtest.jp/shiny/cor/

水本篤・竹内理（2010）．「効果量と検定力分析入門―統計的検定を正しく使うために」『外国語教育メディア学会（LET）関西支部メソドロジー研究部会2010年度部会報告論集「より良い外国語教育のための方法」』，47-73. https://kansai-u.repo.nii.ac.jp/?action=repository_uri&item_id=10020&file_id=19&file_no=1

Mizumoto, A., Urano, K., & Maeda, H. (2014). A systematic review of published articles in *ARELE* 1-24: Focusing on their themes, methods, and outcomes. *Annual Review of English Language Education in Japan* (*ARELE*), *25*, 33-48. https://doi.org/10.20581/arele.25.0_33

Moeller, A. J., Creswell, J. W., & Saville, N. (Eds.). (2016). *Second language assessment and mixed methods research*. Cambridge University Press.

文部科学省（2014）．『研究活動における不正行為への対応等に関するガイドライン』https://www.mext.go.jp/b_menu/houdou/26/08/__icsFiles/afieldfile/2014/08/26/1351568_02_1.pdf

内藤哲雄（2002）．『PAC分析実施法入門―「個」を科学する新技法への招待（改訂版）』ナカニシヤ出版.

日本学術会議（2015）．『科学研究における健全性の向上について』http://www.scj.go.jp/ja/info/kohyo/pdf/kohyo-23-k150306.pdf

Norris, J. M., Plonsky, L., Ross, S. J., & Schoonen, R. (2015). Guidelines for reporting quantitative methods and results in primary research. *Language Learning, 65*(2), 470-476. https://doi.org/10.1111/lang.12104

Nunan, D. (1992). *Research methods in language learning*. Cambridge University Press.

大谷尚（2019）．『質的研究の考え方―研究方法論からSCATによる分析まで』名古屋大

学出版会.

太田裕子（2019）.『はじめて「質的研究」を「書く」あなたへ―研究計画から論文作成
　まで』東京図書.

Oxford, R. L. (1990). *Language learning strategies: What every teacher should
　know*. Newbery House.

Plonsky, L. (Ed.). (2015). *Advancing quantitative methods in second language re-
　search*. Routledge.

Riazi, A. M. (2017). *Mixed methods research in language teaching and learning*.
　Equinox.

サトウタツヤ・春日秀朗・神崎真実（編）（2019）.『質的研究法マッピング』新曜社.

Sasaki, M., Mizumoto, A., & Murakami, A. (2018). Developmental trajectories in L2
　writing strategy use: A self-regulation perspective. *Modern Language Journal, 102*
　(2), 292-309. https://doi.org/10.1111/modl.12469

Stapleton, P., & Collett, P. (2010). *JALT Journal* turns 30: A retrospective look at
　the first three decades. *JALT Journal, 32*(1), 75-90. https://jalt-publications.org/
　jj/issues/2010-05_32.1

鈴木駿吾（2018）.「発話の諸側面に対する意識の質問紙尺度の開発と妥当性の検証―発
　話生成モデルの観点から」*EIKEN BULLETIN, 30*, 221-239. https://www.eiken.or.jp/
　center_for_research/pdf/bulletin/vol30/vol_30_p221-p239.pdf

髙木亜希子（2009）.「英語教育の質的研究デザインの方法」第39回中部地区英語教育学
　会・研究法セミナー（2009年6月28日・常葉学園大学）https://www.urano-ken.
　com/research/seminar/2009/seminar_takagi.pdf

髙木亜希子（2018）.「若手英語教師による学びと成長の軌跡―授業研究協議会後のイン
　タビュー分析に基づく教師の認知」『言語教師教育』5(1), 47-67. http://www.wase
　da.jp/assoc-jacetenedu/VOL5NO1.pdf

Takaki, S., Hamada, A., & Kubota, K. (2018). A systematic review of research de-
　signs and tests used for quantification of treatment effects in *ARELE* 13-28. *Annu-
　al Review of English Language Education in Japan (ARELE), 29*, 129-144. https://
　doi.org/10.20581/arele.29.0_129

竹内理・水本篤（編）（2014）.『外国語教育研究ハンドブック―研究手法のより良い理解
　のために（改訂版）』松柏社.

Teddlie, C., & Tashakkori, A. (2008). *Foundations of mixed methods research:
　Integrating quantitative and qualitative approaches in the social and behavioral
　sciences*. SAGE Publications.（テッドリー, C. & タシャコリ, A.（著）, 土屋敦・八
　田太一・藤田みさお（監訳）.（2017）.『混合研究法の基礎―社会・行動科学の量的・

質的アプローチの統合』西村書店.)

寺沢拓敬 (2010).「教育研究としての「外国語教育学」」『駒場言葉研究会・課題提起会発表資料』http://d.hatena.ne.jp/TerasawaT/20101102/1288721439

The University of York Digital Library. (n.d.). *IRIS: A digital repository of instruments and materials for research into second languages.* http://www.iris-database.org/iris/app/home/index

Thelen, E., & Smith, L. B. (1998). Dynamic systems theories. In W. Damon & R. M. Lerner (Eds.), *Handbook of child psychology: Theoretical models of human development* (pp. 563-634). John Wiley & Sons Inc.

戸田山和久 (2012).『新版論文の教室―レポートから卒論まで』NHK出版.

東條弘子 (2014).「外国語教育研究における社会文化理論の布置」*KATE Journal, 28,* 69-82. https://doi.org/10.20806/katejournal.28.0_69

Tojo, H., & Takagi, A. (2017). Trends in qualitative research in three major language teaching and learning journals, 2006-2015. *International Journal of English Language Teaching, 4*(1), 37-47. https://doi.org/10.5430/ijelt.v4n1p37

Tsuchiya, M. (2018). The effects of a teacher's formative feedback on the self-regulated learning of lower-proficiency Japanese university learners of English: A qualitative data analysis using TEM. *Annual Review of English Language Education in Japan (ARELE), 29,* 97-112. https://doi.org/10.20581/arele.29.0_97

浦野研 (2013).「第二言語学習者の暗示的文法知識の測定法―構成概念妥当性の視点から」『外国語教育メディア学会 (LET) 関西支部メソドロジー研究部会2012年度報告論集』, 36-45. http://www.mizumot.com/method/2012-03_Urano.pdf

浦野研 (2018).「日本の英語教育研究が行ってきたこと，こなかったこと：方法論から考える」大学英語教育学会北海道支部2018年度第1回支部研究会・ワークショップ (2018年11月18日・天使大学) https://www.urano-ken.com/wp-content/uploads/2018/11/jacethokkaido2018.pdf

浦野研・亘理陽一・田中武夫・藤田卓郎・髙木亜希子・酒井英樹 (2016).『初めての英語教育研究』研究社.

安田裕子・滑田明暢・福田茉莉・サトウタツヤ (編) (2015).『ワードマップ TEA 理論編―複線径路等至性アプローチの基礎を学ぶ』新曜社.

索引

[編著者略歴]

廣森 友人（ひろもり ともひと）【編集, 第5章, リソース編, コラム⑤】　明治大学国際日本学部教授, 北海道大学大学院博士課程修了。博士（国際広報メディア）。主な著書に『英語学習のメカニズム：第二言語習得研究にもとづく効果的な勉強法』,『「学ぶ・教える・考える」ための実践的英語科教育法』,『成長する英語学習者：学習者要因と自律学習』,『英語教師のための教育データ分析入門：授業が変わるテスト・評価・研究』（いずれも大修館書店）など。*ARELE*, *JACET Journal*（旧 *JACET Bulletin*）, *JALT Journal* にこれまで計10編の論文を発表している。

[著者略歴]

伊達 正起（だて まさき）【序章, 第7章, コラム⑦】　福井大学教育学部教授, アリゾナ州立大学大学院修士課程, 兵庫教育大学大学院博士課程修了。博士（学校教育学）。全国英語教育学会学術奨励賞受賞。主な著書に『第二言語習得論と英語教育の新展開』（金星堂）,『An Introduction to Teaching and Learning English in the Classroom』（くろしお出版）など。

杉田 由仁（すぎた よしひと）【第1章, 第4章, 第8章】　明治学院大学文学部教授, 早稲田大学大学院博士課程修了。博士（教育学）。主な著書に『英語で英語を教える授業ハンドブック：オーラル・メソッドによる英語授業と文法指導』（単著, 南雲堂）,『日本人英語学習者のためのタスクによるライティング評価法』（単著, 大学教育出版）,『英語教育の実践的探究』（共著, 渓水社）など。

小泉 利恵（こいずみ りえ）【第2章, 第6章, コラム③】　順天堂大学医学部准教授, 筑波大学大学院博士課程修了。博士（言語学）。主な著書は『英語4技能テストの選び方と使い方：妥当性の観点から』（単著, アルク）,『実例でわかる英語テスト作成ガイド』,『英語4技能評価の理論と実践』（ともに共編著, 大修館書店）など。*Language Assessment Quarterly*, *System* などに論文を発表し, *Language Testing* などで編集委員を務めている。

三ツ木 真実（みつぎ まこと）【第3章, 第9章, リソース編】小樽商科大学言語センター准教授, 北海道大学大学院博士課程修了。博士（国際広報メディア）。主な論文に 'Effect of schema-based instruction on learning polysemous English prepositions: Analyzing through learners' perceptions'（*Journal of PAAL*, 2018）など。

根本 章子（ねもと あきこ）【コラム①】　つくば国際大学東風小学校教諭。茨城県内の公立小学校，中学校の教員を経て，2020 年 4 月より現職。筑波大学大学院修士課程教育研究科教科教育専攻英語教育コース修了。修士（教育学）。主な論文に「中学校における協同学習の効果：ディクトグロスの検証」（*EIKEN BULLETIN*, 2012）など。

八島 智子（やしま ともこ）【コラム②】　関西大学外国語学部・大学院外国語教育学研究科教授。博士（文化科学，岡山大学）。主な著書に『外国語学習とコミュニケーションの心理』（関大出版），『異文化コミュニケーション論』（松拍社）など。*The Modern Language Journal, Language Learning, System* などに論文を発表している。

中村 洋（なかむら ひろし）【コラム④】　ニセコ町立ニセコ中学校教諭，北海道教育大学大学院修士課程修了。修士（教育学）。2014 年度より文部科学省認定英語教育推進リーダー。主な論文に「小学校英語教材 *We Can!* と中学検定英語教科書のライティング活動の分析」（*EIKEN BULLUTIN*, 2019）などがある。

鈴木 祐一（すずき ゆういち）【コラム⑥】　神奈川大学国際日本学部准教授，メリーランド大学カレッジパーク校博士課程修了。PhD（Second Language Acquisition）。主な著書に『実践例で学ぶ第二言語習得研究に基づく英語指導』（大修館書店），『高校生は中学英語を使いこなせるか？』，『高校英語授業における文法指導を考える』（いずれもアルク）など。

目黒 庸一（めぐろ よういち）【コラム⑧】　青山学院大学文学研究科英米文学専攻博士前期課程修了。高等学校教諭を経て，文教大学非常勤講師。上智大学言語科学研究科言語学専攻博士後期課程在籍。専門は第二言語習得研究。主な論文に 'Textual enhancement, grammar learning, reading comprehension, and tag questions'（*Language Teaching Research*, 2019）など。

神村 幸蔵（かみむら こうぞう）【コラム⑨】　筑波大学大学院人文社会科学研究科博士後期課程在籍，同大学大学院同研究科博士前期課程修了。修士（言語学）。筑波技術大学，共栄大学非常勤講師。2018 年度より日本学術振興会特別研究員。共著書に『はじめての英語まるごと辞典　絵辞典＋和英＋英和』（くもん出版）がある。

神谷 信廣（かみや のぶひろ）【コラム⑩】　群馬県立女子大学国際コミュニケーション学部教授，ミシガン州立大学博士課程修了。博士（第二言語学）。主な著書に『実践例で学ぶ第二言語習得に基づく英語指導』（大修館書店，分担単著），*The Cambridge Handbook of Corrective Feedback in Language Learning and Teaching*（CUP，分担共著）など。

<ruby>英語教育論文執筆<rt>えいごきょういくろんぶんしっぴつ</rt></ruby>ガイドブック

―ジャーナル<ruby>掲載<rt>けいさい</rt></ruby>に<ruby>向<rt>む</rt></ruby>けたコツとヒント

© Hiromori Tomohito, 2020　　　　　　　　NDC830／x, 167p／21 cm

初版第 1 刷──2020 年 7 月 10 日

編著者─────<ruby>廣森友人<rt>ひろもりともひと</rt></ruby>
発行者─────鈴木一行
発行所─────株式会社 大修館書店
　　　　　　　〒113-8541 東京都文京区湯島 2-1-1
　　　　　　　電話 03-3868-2651 (販売部)　03-3868-2293 (編集部)
　　　　　　　振替 00190-7-40504
　　　　　　　[出版情報] https://www.taishukan.co.jp

装丁者─────アップライン株式会社　上筋英彌
印刷所─────精興社
製本所─────ブロケード

ISBN978-4-469-24639-1　Printed in Japan